THÈSE

POUR LE DOCTORAT

La Faculté n'entend donner aucune approbation ni improbation aux opinions émises dans les thèses ; ces opinions doivent être considérées comme propres à leurs auteurs.

UNIVERSITÉ DE PARIS. — FACULTÉ DE DROIT

DE L'AUTORISATION

DE

LA FEMME MARIÉE

PAR JUSTICE

EN DROIT FRANÇAIS

ÉTUDE HISTORIQUE

THÈSE POUR LE DOCTORAT

L'ACTE PUBLIC SUR LES MATIÈRES CI-APRÈS

Sera soutenu le samedi 27 mai 1899, à 10 heures

PAR

HENRI LEMIERRE

Président : M. LEFEBVRE.

Suffragants : MM. SALEILLES, *professeur*.
GARÇON, *agrégé*.

PARIS

LIBRAIRIE NOUVELLE DE DROIT ET DE JURISPRUDENCE

ARTHUR ROUSSEAU, ÉDITEUR

14, RUE SOUFFLOT ET RUE TOULLIER, 13

1899

INTRODUCTION

Lorsque l'on étudie l'Autorisation Maritale telle qu'elle est organisée dans le Code civil, l'on ne peut manquer d'être frappé du manque d'idée directrice qui se manifeste dans l'économie de cette institution. Certains articles semblent fonder l'autorisation sur l'intention du législateur de protéger la femme à raison de sa faiblesse, d'autres au contraire paraissent reposer uniquement sur la nécessité de faire respecter l'autorité du mari. Les commentateurs se sont efforcés de rattacher ces solutions diverses ou opposées à un même principe : ils n'y sont jamais parvenus et l'inutilité de leurs efforts suffit à démontrer l'inanité d'une semblable tentative. C'est que cette institution dans le Code civil se présente sous une double forme : d'une part l'autorisation du mari elle-même, et d'autre part l'autorisation de la justice, dont la réunion constitue l'ensemble de la théorie avec tout ce qu'elle contient d'incertain et de contradictoire. Pour comprendre comment s'est formé ce système complexe, pour en apprécier la valeur, il faut en étudier chacun des éléments en lui-même, et déterminer dans quelle part il a contribué à la formation du tout. C'est ce que nous avons voulu faire ici pour l'autorisation de justice. Le but de cette étude est donc de rechercher comment le développement historique de l'autorisation de justice dans tout le cours de notre droit a pu préparer les solutions du Code civil et quelle part les idées sur lesquelles elle reposait ont eu dans la formation du droit moderne. — Et voici, dans les grandes lignes quels nous paraissent avoir été ce rôle et cette influence de l'autorisation de justice.

I

Après une première période où, l'autorisation maritale formant déjà une véritable théorie juridique (XIIIe siècle), la femme est entièrement subordonnée à son mari, sans avoir de recours possible contre ses décisions, mais où cette subordination est l'effet de la seule discipline, et non d'une prétendue infériorité du sexe, et où par suite il n'y a aucune place pour l'autorisation de justice, celle-ci apparaît dans le droit coutumier (XIVe siècle). Et elle s'y présente immédiatement avec le double caractère qu'elle conservera jusqu'à nos jours : tantôt elle remplit le rôle de voie de recours contre les décisions du mari dont la toute-puissance paraît exagérée à une société devenue plus policée, tantôt elle supplée l'autorisation du mari quand celui-ci, par suite des circonstances, se trouve dans l'impossibilité de donner lui-même son consentement.

Cette transformation du droit devait avoir des conséquences considérables : si l'introduction dans les coutumes de l'autorisation de justice au refus du mari fut simplement une amélioration de la théorie générale de l'autorisation maritale, dont elle ne dénatura ni le principe ni les applications ; il en fut tout différemment de l'autorisation supplétive. Celle-ci reposait en effet sur un ensemble de conceptions que n'avait pas connu d'abord l'ancien droit coutumier et qui n'y pénétrèrent que sous l'influence du droit canonique et surtout du droit romain. Ces conceptions se résumaient dans cette idée générale que la femme, à raison de son sexe, est dans un état d'infériorité qui rend nécessaire pour elle des mesures de protection ; cette protection, elle la trouve dans la personne du mari, et à défaut, elle doit la rencontrer dans les tribunaux. Née de cette croyance qui devait se fortifier particulièrement au XVIe siècle, époque de la formation de presque toutes les grandes théories du droit coutumier récent, l'autorisation de justice allait être du XIVe à la fin du XVIIIe siècle, la voie par laquelle l'idée de l'incapacité de la femme devait peu à peu pénétrer les coutumes et dénaturer insensiblement toute la théorie de l'autorisation maritale.

II

Nous assistons en effet durant les trois derniers siècles de l'ancien régime à un extraordinaire développement de l'autorisation de justice. Si, comme recours contre le refus du mari, elle reçoit seulement certains perfectionnements de procédure, en revanche, prise comme autorisation supplétive, elle étend singulièrement le champ d'application qui lui était tout d'abord réservé. C'est que, de plus en plus, se multiplient les cas où le mari, dans l'impossibilité matérielle ou juridique de donner l'autorisation, se voit remplacer par la justice. Au XIVe siècle, on ne semble guère connaître que l'absence ; il faut y ajouter maintenant l'interdiction, la condamnatipn à certaines peines et l'on balance même au XVIIe et au XVIIIe siècles sur la minorité. D'autre part, tandis qu'auparavant et encore jusqu'au temps de Guy Coquille au moins, l'autorisation judiciaire ne pouvait intervenir que pour les procès, la coutume s'introduit d'en admettre l'application aux contrats eux-mêmes. Et par cette évolution le domaine de l'autorisation de justice devient aussi vaste que celui de l'autorisation du mari.

Mais cette extension considérable ne fut pas sans amener certains changements sur le fond même de la théorie de l'autorisation, et ces changements se manifestent particulièrement d'une façon très sensible sur deux points : d'abord au sujet de la sanction du défaut d'autorisation en faisant accorder à la femme le droit de se prévaloir d'une nullité que jadis le mari pouvait seul invoquer ; en second lieu au sujet de la séparation de biens qui primitivement mettait fin à toute autorisation et maintenant fournit de nouveaux cas d'autorisation. Sur ces deux points le fond même de l'institution s'est modifié : ce n'est assurément plus par respect de la puissance maritale que l'on permet à la femme et même aux tiers de se prévaloir du défaut d'autorisation ; ce n'est pas davantage pour cette raison que l'on soumet les actes de la femme séparée au contrôle de la justice au cas d'absence ou d'interdiction du mari : dans les deux hypothèses l'on entend protéger la femme pour elle-même à raison de sa faiblesse. Ainsi transformée par l'influence journellement accrue pendant deux siècles de l'autorisation de justice, l'autorisation maritale n'est plus à la fin de notre droit coutumier ce qu'elle était au temps des « Etablissements » et de Beaumanoir. Formée alors d'un seul élément, l'autorité maritale, elle est maintenant le fruit de la combinaison de cette conception première avec l'idée de l'incapacité de la femme. De là une confusion dans la doctrine, une incertitude dans les solutions dont on trouve la trace chez tous les jurisconsultes du temps. Le rôle du droit nouveau était donc tout indiqué, c'était de ramener à l'unité cette institution déséquilibrée.

III

Cette tâche que le droit intermédiaire n'eut pas le temps d'accomplir incombait aux rédacteurs du Code civil. Allaient-ils, revenant en partie au primitif système coutumier et restreignant le rôle exagéré de l'autorisation de justice, faire reposer toute la théorie sur la puissance maritale ? — Allaient-ils au contraire, adoptant franchement l'idée de la faiblesse du sexe, mettre la femme française en tutelle ? Ils ne furent pas si radicaux : sur ce point, comme sur tant d'autres, ils se contentèrent de consacrer, sans généralement les critiquer, les différentes solutions qui étaient de droit commun coutumier au temps de Pothier. Le résultat de ce procédé fut de faire passer intégralement dans le Code l'autorisation supplétive, en même temps que l'autorisation au refus du mari, et même en en multipliant les cas d'application pour plus de logique. Par suite l'idée de l'incapacité de la femme se trouve à la base même de l'autorisation moderne, et par suite aussi le Code civil, en cette matière, est resté ce qu'était le droit du XVIIIe siècle « une législation sans système ».

PREMIÈRE PARTIE

PÉRIODE DE FORMATION

SECTION I

ÉTAT DU DROIT AVANT L'APPARITION DE L'AUTORISATION DE JUSTICE.

Comment et quand l'autorisation de justice apparait-elle dans le droit français, telle est la première question que cette étude soulève. Pour déterminer exactement la période de l'histoire du droit qui vit naître l'autorisation de justice, comme pour se rendre compte des raisons qui la produisirent, il faut se placer à une époque où l'autorisation maritale déjà organisée en système juridique n'avait pas encore reçu le complément de l'autorisation de justice. Cette période, facile à fixer, est le treizième siècle. A ce moment si nos vieux coutumiers nous montrent une puissance maritale entièrement constituée, il apparaît bien nettement, de l'ensemble de leurs exposés comme de certaines solutions de détail, que l'autorisation de justice leur était entièrement inconnue. Ce point établi il reste à rechercher sous l'influence de quels besoins et de quelles conceptions devait par la suite et peu après apparaître dans les coutumes l'autorisation de justice.

Et tout d'abord le XIIIe siècle nous montre une autorisation maritale définitivement constituée en système juridique. Sans rechercher ici l'origine de cette institution (1), voyons comment Beaumanoir

(1) Rappelons ici seulement pour mémoire les principales hypothèses sur l'origine de la puissance maritale actuelle.

a) Un premier système voit dans l'autorisation maritale une règle qui s'est établie par raison, pour donner à l'association conjugale le chef qui lui est nécessaire. Bonne pour justifier en pure raison l'institution moderne, cette théorie n'est pas une explication historique.

c) Un second système voit l'origine de la puissance et de l'autorité maritale dans le *mundium* germanique (Voir Glasson, *Histoire du droit et des institutions de la France*, t. VII, p. 130 ; Kraut, *Die Vormundschaft* ; Viollet, *Histoire du droit civil français*, 2e éd., ch. VIII ; Gide, *Etude sur la condition privée de la femme*, Ed. Esmein, p. 368 et suiv. ; Koenigswarter, *Histoire de l'organisation de la famille en France*, p. 204).

Seulement dans cette hypothèse comment expliquer que le *mundium* qui disparait pour les filles et les veuves, se maintienne, transformé en autorité maritale, pour les femmes mariées. Ici deux systèmes sont en présence : *a*) Pour les uns le besoin d'unité de direction du ménage y conduisit tout naturellement (Gide, *op. cit.*, p. 369 ; Glasson, *loc. cit.*) ; *b*) Pour d'autres, et c'est l'opinion qui nous paraît la mieux fondée, l'influence des idées chrétiennes sur ce point fut la cause de cette transformation du *mundium* en puissance maritale (V. Koenigswarter, *op. cit.*, p.79). Le christianisme subordonnait la femme au mari et cette idée se fixa en coutume juridique. Deux ordres d'arguments peuvent être et ses contemporains la comprenaient, et quelle description ils nous en font.

La femme mariée est dès le mariage dans la *mainbournie* du mari (1), car immédiatement prend naissance la *compagnie* dont le mari est le chef. Cette subordination de la femme a des conséquences extrêmes dans la rude société féodale : le mari peut « castier raisonnablement son épouse», et ce n'est pas là un fait simplement excusable, mais un droit dont il peut légalement user, comme sur tous les membres de sa « mesnie ». Au point de vue de l'institution qui nous occupe la mainbournie maritale a pour conséquence d'interdire à la femme tout ac-

apportés à l'appui de cette théorie : 1° Cette considération que si l'autorité maritale s'établit aussi universellement ce fut assurément sous l'influence d'une idée directrice qu'on trouve dans le christianisme ; 2° Les textes anciens et, par tradition, des textes plus récents où l'idée chrétienne se manifeste expressément. Déjà dans certaines lois barbares la règle chrétienne est invoquée pour justifier la puissance du mari sur la femme. Citons ce texte typique : *Lex Wisigothorum*, livre IV, ch. XV. *Vir qui feminam suam secundum sanctam scripturam habet in potestate*. Cette même idée est donnée par tous les auteurs coutumiers comme fondement à la puissance maritale. V. notamment : J. Masuer, *Practica Forensis* (éd. Francfort), p. 22, n° 28 ; Tiraquellus, *Ad Leges connubiales*, Lex Prima. Rodenburgh, *Tractatus de jure conjugum* (Introduction).

Il ne faut du reste jamais perdre de vue que la puissance maritale et la communauté ont réagi l'une sur l'autre et forment un tout. La preuve en est, comme nous aurons à le voir plus loin, que, à l'époque où la séparation de biens apparut, il suffisait de cette séparation pour soustraire la femme à l'autorité maritale.

(1) Beaumanoir, *Coutumes de Beauvoisis*, Ed. Beugnot, ch. XXI, n° 2.

complissement d'acte juridique sans l'autorité de son « Baron » (1). Elle ne peut ni contracter, ni agir en justice : son droit est en quelque sorte paralysé, qu'il s'agisse de l'exercer ou de le faire reconnaître devant les tribunaux.

Mais d'autre part, autorisée de son mari, la femme peut accomplir tous les actes de la vie juridique ; elle peut, nous dit Beaumanoir, s'obliger (2), elle peut plaider (3), elle peut même donner (4) et cautionner (5).

Telles sont les solutions que nous donnent les *Coutumes de Beauvoisis* et elles expriment bien le droit commun des pays coutumiers. Les autres sources du droit de la même époque nous exposent le même régime : partout la femme est subordonnée au mari, incapable de quoi que ce soit sans autorisation, ca-

(1) *Quid* du testament ? Faut-il supposer également que la femme avait besoin de l'autorité du mari pour tester ? C'est là un point douteux. Beaumanoir n'examine pas cette question. Au chapitre XII, n° 4, il nous apprend seulement que le Baron ne peut contraindre sa femme à tester en sa faveur. Il paraît pourtant probable que dans l'ancien droit la femme mariée ne pouvait pas plus faire son testament que tout autre acte juridique sans l'autorité de son mari, si l'on remarque que les coutumes qui ont cette exigence sont celles qui ont été en général les plus anciennement rédigées et qui nous exposent par suite le droit le plus archaïque (*Coutumes de Normandie, de Bourgogne et de Bretagne*).

(2) Ch. XLIII, n° 22.

(3) Ch. XLV, n° 17.

(4) Ch. LXX, n° 7.

(5) Ch. XLIII, n° 22.

pable de tout avec cette autorisation (1). Deux exceptions traditionnelles et en quelques sortes nécessaires sont apportées à la règle générale : la femme s'oblige par ses délits sans l'autorisation du mari, la femme commerçante est pleinement capable pour ce qui concerne son commerce (2) ; encore ici faut-il observer qu'elle ne peut faire ce commerce sans l'assentiment de son mari.

Mais il importe de bien comprendre cette situation faite à la femme mariée : il n'y a là que le besoin de soumettre la femme au mari, chef de la communauté, ou plutôt de la *compagnie*, non la conséquence d'une incapacité propre à la femme. Le droit du XIIIe siècle, pas plus que l'ancien droit germanique qui ne plaçait la femme *in mundio* qu'à cause de sa faiblesse physique, ne voit dans la femme un être incapable et inférieur à l'homme. Elle est différente : elle ne peut porter le heaume et rendre le service *d'ost*, mais elle peut plaider et même parfois siéger comme juge

(1) Voyez sur ces solutions : *Jostice et Plet*, liv. II, t. XIV, p. 4 et liv. XVIII, t. II, p. 1 et 3 ; *Établissements de St-Louis* (éd. Viollet), liv. I, ch. 154 ; *Livre des Constitutions demenées el Chastelet de Paris* (éd. Mortet), § 39 ; *Assises de Jérusalem*, éd. Beugnot ; *Cour des Bourgeois*, ch. CXXXII. *Assises de la Haute-Cour*, a. 135.

(2) Beaumanoir, ch. XXX, n° 55 ; *Établissements* (Viollet), liv. I, ch. 154. Ce texte qui vient selon M. Viollet d'une ancienne coutume de Touraine Anjou, permet même à la femme victime d'un délit d'obtenir réparation sans l'autorité de son mari. *Jostice et Plet*, liv. IV, t. XI, p. 1.

dans un tribunal féodal (1). C'est seulement par le fait du mariage, non par celui du sexe, qu'elle subit une sorte de *capitis deminutio* qui la soumet aux volontés de son seigneur.

Telle est la conception, et logiquement, sans la défigurer par des subtilités qui n'apparaîtront que dans une époque plus cultivée, on la suit dans toutes les conséquences qu'elle implique.

Et tout d'abord la femme n'est pas par le fait même de son sexe une incapable ; elle est seulement soumise à la volonté de son mari. Le vieux droit coutumier ne connaît pas l'incapacité velleienne et la femme peut valablement cautionner (2). Il en résulte que si le mari est dans l'impossibilité de manifester cette volonté, s'il est fou, s'il est malade, s'il est absent, la femme prend dans la maison le premier rang ; elle le remplace, et cela non seulement dans la famille, mais à l'égard des tiers : elle peut donc contracter. Il en est ainsi, nous dit Beaumanoir,

(1) Voyez : α) pour Germains, Tacite, VIII, *de Moribus Germanorum* ; β) pour la féodalité, *Jostice et Plet*, liv. XVIII, t. II, § 3 ; *Ancienne coutume d'Artois*, éd. Tardif, t. LIV, n° 74 ; Beaumanoir, ch. XLI, n° 26 ; Gide, *op. cit.*, p. 362 et suivantes. En somme si la féodalité a refusé d'abord la capacité à la femme mariée, cela tient à la rudesse de temps, non à la conception que l'on avait de la valeur de la femme.

(2) Beaumanoir, ch. XLIV, n° 27 ; *Jostice et Plet*, liv. XVIII, t. II, p. 3. Si le livre de *Jostice* lui interdit d'être « plège » pour son mari (liv. XVIII, t. II, p. 2), c'est manifestement une tentative toute nouvelle pour introduire en France l'incapacité velleienne par amour du droit romain.

« si ses barons est fous ou hors de sens..., se li barons est en estranges terres fuitis ou banis, ou emprisonés » (1). Il donne une pareille solution même quand le mari étant présent, il est de notoriété publique qu'il s'en remet à sa femme de l'administration du bien commun, « s'il est aperte cose qu'il ne se melle de riens et que la feme fait et mainburnist toutes les coses qui a eus apartiennent » (2), sans même que l'on ait à rechercher si le mari a entendu autoriser spécialement l'acte dont il s'agit. Ces solutions sont importantes : nous pouvons en effet en conclure que le droit du XIIIe siècle ne connaissait pas l'autorisation supplétive. La justice ne remplace pas le mari absent ou malade, parce que par elle-même la femme n'est pas frappée d'incapacité et que l'autorisation n'est pas une mesure de protection en sa faveur.

Mais d'autre part, si le mari est présent et capable, il a toute puissance sur la femme, et lui seul a le droit de se prévaloir du défaut d'autorisation, non pas sans doute qu'il ait une action en nullité pour faire tomber les actes de la femme, mais il peut les méconnaître et par là en détruire tout l'effet. La femme ne peut invoquer le défaut d'autorisation pour se soustraire à l'effet d'une obligation par elle contractée (3). Et contre la décision du mari qui accorde ou refuse

(1) Beaumanoir, ch. XLIII, n° 28.
(2) Beaumanoir, ch. XLIII, n° 28.
(3) Beaumanoir, ch. LXV, n° 17.

l'autorisation à la femme celle-ci n'a aucun recours : cette solution que l'on peut tirer d'un texte de Beaumanoir (1) est bien dans l'esprit de tout le système qui fait du mari beaucoup moins le protecteur que le seigneur et maître de la femme.

Tel est le droit du XIIIe siècle (2): il est très simple, très net et en même temps très logique. On peut le résumer en deux grands traits : d'une part la femme n'est pas une incapable, d'autre part, la femme mariée est entièrement soumise à son mari. Nulle place dans une telle législation n'est possible pour une autorisation de justice. Si en effet la femme n'est pas envisagée comme une incapable à protéger, quel besoin y a-t-il d'un contrôle de la justice, quand le mari n'est pas présent ou quand il n'est pas capable d'exer-

(1) Beaumanoir, ch. XLV, n° 17. Il s'agit d'une femme qui a à plaider pour un de ses « héritages » ; son mari lui refuse l'autorisation nécessaire et Beaumanoir nous dit qu'aussitôt après la mort du mari elle pourra intenter son action sans que le temps écoulé durant le mariage puisse lui nuire. « Car elle n'avait pooir de demander le coze puisque ses maris ne le voloit. » C'est donc que la femme ne pouvait contraindre son mari, qu'aucune puissance ne pouvait lui accorder ce que le mari lui refusait.

La seule condition que Beaumanoir met à la recevabilité de l'action c'est qu'elle soit intentée dans l'an et jour du décès du mari.

(2) La très ancienne coutume de Bretagne (rédigée selon M. Planiol vers 1312-1325) présente encore tout le système que nous venons de voir. *Très ancienne coutume de Bretagne*, éd. Planiol, n° 205. Mais il y a déjà dans cette coutume certaines idées que nous rencontrerons plus loin et qui n'ont pas encore été exprimées au XIIIe siècle.

cer l'autorité que la coutume lui confère ? Dès lors, point d'autorisation supplétive. Si, d'autre part, le mari est le « seigneur et maître » de la femme, le chef omnipotent de la *compagnie*, comment permettre à la justice d'accorder ce qu'il refuse ? Dès lors, point d'autorisation judiciaire au refus de celle du mari. Aucune des applications de l'institution dont nous nous occupons ne trouvait sa place dans le droit rude et simple de Beaumanoir et des *Etablissements*.

SECTION II

APPARITION DE L'AUTORISATION DE JUSTICE.

Mais le droit ne pouvait se maintenir en cet état : avec les changements dans les mœurs la coutume devait se modifier. Il y a un point où assurément l'autorité maritale était exagérée, c'est l'impossibilité où la femme se trouvait d'en appeler de la décision du mari, fût-elle injustifiée et sans fondement ; de sorte que pour un tel litige entre la femme et son baron, il n'y avait, pour employer l'expression d'un de nos vieux auteurs parlant du serf, « d'autre juge que Dieu ». Comme nous le verrons, on ne tarda pas à porter remède à cette situation, et un demi-siècle après Beaumanoir, la femme pouvait en appeler de la décision du mari. Mais tandis que cette transformation, qui était un véritable progrès, s'accomplissait, nous en voyons une autre se manifester, qui va suffire à déformer le caractère primitif et logique de l'autorisation maritale. En effet, à l'époque même où la justice va pouvoir autoriser la femme au refus du mari, l'idée de l'incapacité de la femme va s'introduire dans les esprits, non sous l'influence des traditions coutumières, mais sous l'influence romaine et l'influence canonique combinées et nous assistons à l'apparition dans notre droit de l'autorisation supplétive. Désormais, si le mari est absent ou fou, la femme ne pourra le remplacer sans se faire autoriser par la justice. Elle prend presque dans le droit la situation d'un mineur en tutelle. Par conséquent, dès cette période, l'autorisation de justice va recevoir les applications que l'on en fera dans tout le cours de notre droit : d'une part en remplaçant celle du mari qui refuse, d'autre part, en la suppléant quand le mari ne peut la donner. Ce sont ces deux points qu'il nous faut examiner successivement et nous terminerons cette partie de notre étude par un coup d'œil général sur les solutions données au problème dans les coutumes rédigées.

1° Autorisation de justice au refus du mari.

L'autorisation de justice au refus du mari apparaît dans notre droit au XIVe siècle ; nous avons vu qu'elle était inconnue à la fin du XIIIe. A la fin du XIVe siècle (1) au contraire nous la trouvons consacrée formellement par Bouteiller (2), celui-ci nous

(1) La très ancienne coutume de Bretagne ne connaissait pas au commencement du XIVe siècle l'autorisation de justice. Elle nous paraît même déclarer expressément impossible d'en appeler de la décision du mari dans le n° 205 *in fine* (éd. Planiol) «... ainssi que el est tenue à requerre son seigneur de li donner auctorité, ou cas que son seigneur ne s'en voudroit entremetre ne rien en pourssieudre et suffirait le requerre sans auctorité ».

(2) Voici le texte de Bouteiller, *Somme rurale*, liv. I, t. IX, édi-

la montre comme un recours tout exceptionnel la femme lésée par le refus du mari doit s'adresser au Prince souverain. Celui-ci lui délivre des « Lettres » lui donnant faculté d'agir nonobstant son mari. Et la coutume se conserva encore pendant longtemps que la femme mariée ne pouvait jamais agir au refus du mari, et se faire autoriser par justice, qu'après avoir obtenu des « Lettres royaux » lui accordant cette faculté. Comme nous aurons à le voir plus loin cette formalité paraît avoir été de règle jusqu'au XVIe siècle, de sorte que jusqu'à cette époque il a fallu, pour ainsi dire, l'intervention de l'autorité souveraine pour permettre à la femme d'agir contre la volonté de son mari (1).

tion de 1621, p. 59. « Item n'est à recevoir femme étant en lien de mariage si ainsi n'était qu'elle fut autorisée de son mari ou de son prince nonobstant son mary, et de ce eut lettres et entérinement de juge compétent, parties appelées sur ce, etc. »

(1) C'est bien ce caractère exceptionnel que présenterait un arrêt du Parlement de la St-Martin d'Hiver de l'année 1325 (9 avril 1325) (Boutaric, *Actes du Parlement*, t. II, n° 7834), si l'on voulait y voir une simple autorisation de justice (V. Glasson, *loc. cit.* et Boutaric, sur ce numéro). Mais à notre avis il y a là quelque chose de tout différent, une séparation de biens, qui avait pour effet de soustraire la femme à l'autorisation maritale. Voici le texte : « Notum » facimus quod in praesenti nostro Parlamento quaedam nostre » fuerunt exhibite littere formam que sequitur : Charles etc.... » Comme nous de certaine science et pour certaine et juste cause » nous aions ordené que Mahaut de Bommez etc.. ait et tiègne » tout son propre héritage, qui est de par li et de cinc cenz li- » vrées deterre de la terre à son baron, savoir vous faisons, que, » ja soit que son baron soit encore en vie, nous de notre puis- » sance et autorité royal, li donnons pooir et autorité que elle » tiègne et governe la terre dessusdite en sa main, tout aussi

Mesure de faveur, recours exceptionnel, l'autorisation judiciaire n'est encore que d'une application restreinte ; l'idée n'est pas encore venue qu'elle puisse remplacer l'autorisation maritale dans tous les cas, et jamais elle ne peut intervenir qu'à l'occasion d'un procès, non pour un contrat. Le mari, n'est plus le seul juge de l'opportunité d'un procès mais il l'est encore de celle de tout autre acte et sur ce point sa puissance demeure pleine et entière comme au temps de Beaumanoir.

De cette limitation de l'autorisation de justice, nous trouvons de nombreuses preuves dans nos anciens monuments juridiques. Bouteiller (1) n'a en vue que cette hypothèse et les différents monuments relatant des autorisations de femme par justice se réfèrent toujours à des procès (2) ; la solution est en-

» comme si elle n'était mie mariée et en puisse requerir partage et » division et entrer en plet et en procès.....

« Quarum auctoritate litterarum curia nostra causas omnes » motas et movendas et quoscumque processus factos et faciendos » per dictam dominam, aut ejus nomine, vel pro ipsa, contra » fidelem et dilectum nostrum comitem Rouciaci aut ejus uxo- » rem super contentis in dictis litteris aut ex eis dependentibus » auctorisavit, laudavit, approbavit et valere decrevit. »

Nous voyons là une séparation : la femme reprend la libre administration de son héritage. Quant aux mots « et de cinc » cent livrées de terre de la terre à son baron » peut-être s'appliquent-ils au douaire qui dans certains cas pouvait être délivré à la femme du vivant du mari. Cf. *Assises de Jérusalem*, ch. CLXXI ; Beugnot, t. II, p. 116.

(1) *Somme rurale*, t. IX du livre I.

(2) Voyez Fagniez, *Fragment d'un répertoire de jurisprudence parisienne* dans le tome XVII des *Mémoires de la Société de l'histoire*

core donnée par Loisel, et enfin une des plus vieilles coutumes françaises mentionnant l'autorisation de justice, la Coutume de Troyes de 1509, a soin d'en limiter les applications aux actes judiciaires (1).

Cette solution qui devait être combattue, comme nous le verrons, dans les derniers siècles de l'ancien Droit se comprend parfaitement ; la justice autorisant la femme à plaider pouvait en quelque sorte exercer sur elle sa surveillance pendant toute la durée de l'acte à accomplir, puisque le procès se déroulait devant le juge, tandis qu'un tel contrôle eut été assurément impossible, ou du moins difficile quand il s'agissait d'un contrat. D'autre part c'est peut-être en interdisant à sa femme de plaider que le mari pouvait lui causer le plus grave préjudice. Toutes les raisons poussaient naturellement à faire consacrer la solution qui prévalait.

Ce recours accordé à la femme contre le refus du mari prit naissance dans un sentiment de sollicitude pour l'intérêt des femmes, trop sacrifié dans la période précédente, qui donna lieu à la même époque

de Paris, nos 1 et 3, p. 2. Il s'agit ici il est vrai d'une autorisation supplétive en cas d'absence du mari, mais le champ d'application des deux autorisations est le même.

(1) *Coutume de Troyes* de 1509, art. 80. Remarquez du reste que les coutumes rédigées ou revisées dans la première moitié du XVIe siècle ne parlent de l'autorisation de justice que dans l'hypothèse d'un contrat. Voy. *Ancienne coutume de Péronne* de 1507. Cf. même la nouvelle de 1567, a. 123 et *Coutume du Bourbonnais* de 1521, art. 237 et *Coutume du Nivernais*, ch. XXIII, a. 5.

à l'introduction dans nos coutumes à la séparation de biens. Jusqu'alors la communauté qui naissait du mariage était indissoluble comme le mariage lui-même. Unis à jamais par les liens du corps, les époux l'étaient également dans leurs intérêts pécuniaires. Nulle séparation de patrimoine n'était possible entre ceux que l'Église avait unis d'un lien indissoluble. Mais au XIVe siècle apparaît la séparation de biens : nous n'avons pas à l'étudier en elle-même, demandons-nous seulement quelle influence la séparation de biens pouvait avoir sur l'autorisation maritale. A première vue il pourrait sembler que, la puissance maritale résultant du mariage, et le mariage n'étant pas dissout par la séparation de biens, la femme dût demeurer soumise à l'autorisation maritale même dans ce cas. Telle n'a pas été néanmoins la solution de notre ancien droit : la femme séparée échappait à la nécessité de l'autorisation (1). Et cela s'explique si l'on recherche comment se concevait à cette époque la puissance maritale et quels rapports elle avait avec le régime matrimonial. Or la puissance maritale, avec le système de l'autorisation s'était organisée dans

(1) Dumoulin, *Notae Solemnes*, sur l'art.232 de la *Coutume du Bourbonnais*. V. également Loisel, *Institutes coutumières*, liv. I, t. II, nº XXIII. V. la rédaction de nombreux articles de coutumes qui dispensent la femme de l'autorité du mari quand elle est séparée. *Ancienne coutume de Paris*, a. 106 ; *Montfort l'Amaury*, a. 123 et 131 ; *Ancienne coutume de Mantes*, titre X, nº II ; *Dourdan*, a. 80.

la vieille France coutumière en même temps que la communauté : ce sont là deux institutions qui se complètent l'une par l'autre. Si la femme ne peut accomplir aucun acte sans le consentement du mari, c'est que celui-ci est le chef de la communauté ou plus exactement de la *compagnie*, c'est que dans un tel régime les obligations contractées par la femme produisent leurs effets non seulement sur les biens de la femme mais sur ceux du mari et sur les biens communs. La communauté, avec la direction du mari, et l'autorisation forment en quelque sorte un tout, une seule et même institution tant les rapports en sont intimes (1).

Dès lors quand, à la place du régime de communauté, survenait celui de la séparation, il semblait tout naturellement qu'il n'y eût plus besoin de maintenir l'autorisation. La femme ne pouvait-elle pas désormais agir et contracter sans que les effets de ses actes, directement du moins, pussent porter atteinte au mari ? Une pierre enlevée, tout l'édifice s'écroulait. Nous verrons que plus tard il y eut une réaction contre cette solution, que certains jurisconsultes soutinrent encore au XVIe siècle, et comment cette réaction peut se justifier.

(1) d'Epinay, *Nouvelle revue historique de droit*, t. VIII, p. 42.

2° Autorisation supplétive.

Nous venons de voir que c'est dans le courant du XIVe siècle que la justice commença à intervenir pour accorder à la femme une autorisation que son mari lui refusait à tort. A la même époque apparaît l'autorisation supplétive ; le juge du XIVe siècle intervient aussi bien quand le mari est absent ou dément que quand il refuse sans motifs son autorisation (1). Il semble même que en pratique les applications de cette seconde sorte d'autorisation judiciaire étaient les plus fréquentes (2).

Comment une transformation aussi radicale du droit du XIIIe siècle avait-elle pu se produire avec

(1) *Grand Coutumier*, liv. II, ch. XXXII (édition Dareste et Laboulaye). Remarquez que le *Grand Coutumier* ne mentionne que l'autorisation supplétive, non l'autorisation de justice au refus du mari.

Voici le passage cité : « Item nota que femme mariée ne peut » estre en jugement sans autorité de son mary ; mais se le mary » est absent par longtemps, le juge, en la faveur de la femme, la » peut bien autoriser supplendo. »

(2) Fagniez, *op. cit.*, n° 1. « A la requête de Jehannete la Rousèle, femme de Jehan Doussalé, disant que elle avoit et a certaines actions et poursuites à expérir et intenter à l'encontre » de plusieurs personnes pour raison de son propre héritage, ce » que elle ne peut faire obstant l'absence de ...son mari, se par » justice elle n'était autorisée à ce faire, nous à sa requête avons » commis nostre amé maistre Jehan de Fontenoy, examinateur à » soi informer de l'absence de son dit mary et de quel temps, » etc..... », 11 février 1396. Registre d'audiences du Chatelet, *Arch. Nat.*, Y, 5220, fol. 120 v°). Voir aussi n° 3, 7 décembre 1398, Y. 5221, fol. 32.

une telle rapidité? C'est qu'une idée nouvelle avait pénétré les esprits des jurisconsultes et des praticiens : celle de l'incapacité de la femme. De ce jour on commença dans notre droit à considérer la femme, par suite de son sexe, comme ayant besoin d'une protection; protection qu'elle trouvait dans l'autorité maritale quand le mari pouvait la lui donner, et qu'à défaut elle devait rencontrer dans les tribunaux, protecteurs naturels de tous les faibles. Cette idée, grosse de conséquences, semble s'être introduite chez nous sous deux influences : l'influence du droit romain, et celle du droit canonique. Cela peut expliquer comment le nouveau principe put aussi rapidement pénétrer notre législation et s'étendre dans tous les pays qui reconnaissaient l'autorité maritale.

L'influence du droit romain dans cette transformation est inconstable; de nombreux textes, comme l'esprit général du droit de l'époque suffisent à la manifester clairement. Les anciens jurisconsultes, qui trouvaient dans le fond de notre droit coutumier la puissance maritale, rencontrèrent au moment de la renaissance du droit romain tout un système de mesures sur les femmes, qu'ils tendirent à confondre avec la puissance et l'autorité maritales : les deux législations se rapprochèrent peu à peu par suite de l'habitude prise alors de tout ramener au droit romain et l'ancienne autorité maritale subit par là de graves altérations. (1) Cette tendance se constate déjà chez certains contemporains de Beaumanoir qui moins que lui étaient attachés à la pure tradition coutumière. Déjà il y a eu une sorte de confusion entre l'autorité maritale et les dispositions du droit romain, notamment du sénatus-consulte Velleien dans le passage suivant du « *Livre de Jostice et de Plet* » : « L'en ce en a ban compris et contenu plainement que fame en soit aliénée par nul lian, plainement que fame ne s'entremete por nul home. Car ausint comme l'on oste (as) fames office de juridiction et por lor mors comme por la feblece de lor sen. — Emprès l'en deffent que fames ne soient plèges por lor maris, etc... (2). »

Et c'est la même idée que nous trouvons également exprimée dans les « *Etablissements de Saint-Louis* » : « Nulle fame n'a reponse en cort laie...

(1) Cette idée de l'incapacité à raison du sexe apparaît déjà dans la *Très ancienne coutume de Bretagne* citée plus haut, éd. Planiol, n° 312 : « Quant homm et famme sont obligiez en un meisme contrat et chescun pour le tout, la execucion doit estre faicte sur les biens du mari tout premier tant comme ils pourront fournir avant que ceux à la famme encourgent,non obstant lians ne obligacions que la femme en ait fait ne donné sur le ne sur ses biens pour ce que la femme est desresonable et de feible nature... »

(2) *Jostice et Plet*, livre XVIII, titre II, p. 1. V. également, p. 2 : « Or convient que nos declarons les paroles et que nos les » loen en ce qu'eles aident as fames por lor feblece, et per » maintes resons le secort l'en. Mès nos otons qu'eles ne facent » conchiement ; car li rois dit que l'en doit aider as fames, non » pas à lor decevance. » Règle manifestement empruntée au *Digeste*, XL, 12, 30.

Si ce n'est dou fait de son corps... Autrement non, selon droict escrit en la Digeste. *De re jur. lex Feminae a publicis judiciis* : car fames est ostée à tous offices (1). » — Mais au XIIIe siècle ces idées étrangères aux coutumes ne pénétraient pas encore le droit : on s'en servait seulement par mode pour justifier rationnellement certaines solutions coutumières, qui historiquement n'en étaient nullement inspirées ; peu à peu elles pénétrèrent la jurisprudence et donnèrent naissance à l'autorisation supplétive. Ce fut une tendance de l'époque qui se manifesta sur toutes les parties du droit : celle que nous étudions comme les autres subit le contre-coup de cette mode. De ce travail de la pensée juridique à la fin du XIIIe et au début du XIVe siècle, de cette tendance à faire à la suite du droit romain de la femme une véritable incapable, nous trouvons comme l'aveu chez le rédacteur de l'*Ancien coutumier d'Artois* qui, après avoir cité religieusement un passage de Justinien sur la modestie nécessaire aux femmes, ajoute ces mots : « Mais par nostre usaige, ont eles assés grigneur pooir que de mise penre sur eles, car eles ont vois en jugement, etc... » Visiblement il regrette que la règle romaine ne s'applique pas en France et que la coutume de son pays n'interdise pas formellement aux femmes d'assumer le rôle d'arbitre (2).

(1) *Établissements*, éd. Viollet, liv. I, ch. 153.

(2) *Ancien coutumier d'Artois* (édition Tardif), titre 54 ; *Des arbi-*

Il y eut là, en somme, un mouvement d'opinion qui consista à assimiler une institution française à une ou plusieurs institutions romaines. C'était dans l'esprit de l'époque, et si nous avions à nous occuper de l'autorisation maritale et non seulement de l'autorisation de justice, nous pourrions signaler d'autres confusions analogues (1).

Quant à l'influence canonique, elle semble plus douteuse au premier abord. N'est-ce pas la doctrine chrétienne qui proclamait l'égalité des hommes et des femmes devant les sacrements ; n'est-ce pas elle qui réprimait également l'adultère du mari et celui de la femme, contrairement aux anciennes traditions romaines (2) ? Sans doute, mais ces principes n'ont pas empêché les hommes d'église de considérer constamment les femmes comme des êtres inférieurs à l'homme. Le fait qu'Eve a perdu le genre humain

tres, n°s 73 et 74. V. également Laurière sur Loisel, *Institutes coutumières*, ch. XXXV, n° 53 et la citation qu'il fait de Pierre de Fontaines.

(1) Voyez par exemple comment chez nous on assimila l'autorité maritale à l'*auctoritas tutoris* et comment cela conduisit à exiger une autorisation en forme (Pothier, *Traité de la puissance du mari*, n°s 68 et 69). Au reste un phénomène analogue d'assimilation avec l'*auctoritas tutoris* romaine s'est produit dans le droit allemand (V. Gide, *op. cit.*, p. 286 et les auteurs cités).

(2) Voir au sujet de cette égalité entre les époux, Esmein, *Le mariage en droit canonique*, t. I, p. 92. M. Esmein explique du reste que dans une certaine mesure le droit canonique lui-même admet la suprématie du mari sans pour cela du reste avoir organisé un système juridique, l'autorité maritale comme le droit coutumier.

est sans doute le fondement de cet antique mépris, de même que les mots de la Bible *sub viri potestate eris* sont le fond de toutes les théories canoniques sur ce point. Les textes sont nombreux dans les Pères comme dans le *Corpus Juris Canonici* lui-même, qui placent la femme à un rang inférieur (1). L'Église voit en elle un être à la fois dangereux et faible qu'il faut contenir et protéger, et, à proprement parler, le droit canonique ne fait de la femme l'égale de l'homme qu'en ce qui concerne la participation aux sacrements ; dans la vie civile elle la considère souvent comme une incapable. Que ces idées d'incapacité de la femme n'aient pas porté tous leurs fruits en droit canonique, c'était inévitable du moment que l'on parlait du principe général de l'égalité. Mais quand ces idées pénétraient l'esprit des juristes, qu'elles s'y rencontraient avec les conceptions du droit romain, elles prenaient une force plus vive. Et c'est ainsi que nos auteurs du XIVe siècle, imbus de droit romain, pénétrés de droit canon, *doctores in utroque jure*, introduisirent peu à peu dans nos vieilles coutumes l'autorisation supplétive, manifestement contraire à la tradition du droit national (2).

(1) Par exemple : Tertullien, *De cultu feminarum*, I, 1 ; *Decret. Grat.*, II Pars, causa XXIII, quaestio V, c. 12 et c. 13-14, c. 15, canon 16, can. 17, can. 23 ; *Decret. Grat.*, II Pars, causa XXXIII, quaestio I, can. 3 ; *Decret. Grat.*, II Pars, causa XV, quaestio III, can. 1 et ce qu'a écrit sur ce sujet Gide, p. 179-180.

(2) Voir le mélange des conceptions religieuses avec les idées

3° Conclusion. — Autorisation dans les coutumes rédigées.

Tels furent l'apparition et le développement de l'autorisation de justice au XIVe siècle. D'une part, la femme trouve dans le juge un appui contre la tyrannie du mari qui lui refuse injustement l'autorisation dont elle a besoin, et c'est assurément là une amélioration considérable du vieux système que nous exposait Beaumanoir. Mais d'autre part aussi, elle doit avoir recours au juge quand son mari est absent ou incapable, pour faire suppléer par l'autorisation de justice l'autorisation que le mari ne peut donner : c'est là une innovation considérable, mais comment y voir un véritable progrès? Il n'en pourrait être ainsi que si l'on admettait que la femme est naturellement incapable de régir ses biens ou ceux de la communauté. Or c'est là une idée que l'on n'avait point admise encore au XIIIe siècle : la femme était vraiment à l'égard des tiers l'égale du mari, au point qu'elle le remplaçait entièrement s'il était absent. Le fondement de l'autorisation maritale n'était point alors dans la faiblesse de la femme, mais uniquement dans la suprématie du mari, chef de la *compagnie*. En admettant avec les auteurs du XIVe siècle que

romaines dans J. Masuer, *Practica Forensis*, éd. de Francfort, p. 22, n° 28. Nous verrons plus loin la combinaison plus complète dans Tiraqueau au XVIe siècle.

l'incapacité naturelle de la femme est le fondement de l'autorité maritale, on est amené forcément à dénaturer cette institution : instrument de discipline domestique, elle devient un instrument de protection en faveur d'une personne qui n'a nullement besoin d'être protégée ; car en quoi la femme mariée est-elle plus incapable que la fille ou la veuve ? Cette déformation de l'autorisation maritale est due à l'introduction de l'autorisation de justice dont l'importance va croître aux XVIe, XVIIe et XVIIIe siècles. Il nous faut donc maintenant, dans une seconde partie, étudier le développement de cette institution dans le cours de ces trois siècles, mais auparavant il est bon de jeter un regard rapide sur les solutions admises lors de la rédaction des coutumes. Ces solutions consacrent en effet le droit que nous venons d'exposer, et c'est sur le texte de ces coutumes que les auteurs postérieurs construiront toutes leurs théories.

En général les articles des coutumes ne donnent pas d'explications étendues sur l'autorisation de justice : un grand nombre n'en parlent même pas, et celles qui la mentionnent ne font guère que la nommer ; preuve que cette institution s'était développée en quelque sorte en dehors du courant général du droit et qu'elle ne faisait pas partie du vieux fond coutumier. Le plus ancien article de coutume sur l'autorisation de justice est celui de l'ancienne coutume de Péronne de 1507 ainsi conçu : « Par ladite coutume femme mariée ne peut agir ny aller en jugement sans l'autorité de son mary, ou que pour le faire elle soit autorisée de par le Roy ou de justice (1). » Cette coutume conserve encore la forme archaïque d'autorisation par le roi, qui disparut peu après et que nous ne trouvons plus dans un seul texte de coutume.

La coutume de Troyes de 1509 est la seconde chronologiquement à mentionner l'autorisation de justice dans son article 80 : « La femme mariée est en la puissance de son mary, supposé qu'elle ait père ou aïeul paternel, en telle manière qu'elle ne peut faire contrat entre vifs, ni ester en jugement sans l'autorité de son dit mary, ou de justice quant aux actes judiciaires. » Les coutumes antérieures à celles-là semblent ignorer l'autorisation de justice. Notamment les coutumes du Duché et de la Comté de Bourgogne rédigées en 1459 et à plus forte raison les anciennes coutumes de Bretagne et de Normandie gardent le silence à ce sujet. C'est qu'alors l'autorisation de justice avait encore ce caractère de voie extraordinaire que nous trouvons dans Bouteiller et dans les premiers actes qui la révèlent.

Ce qu'il faut remarquer surtout au sujet de la rédaction des deux articles des coutumes de Péronne et de Troyes c'est la généralité et en quelque sorte

(1) *Ancienne coutume de Péronne.* « Comment la femme ne peut agir sans l'autorité de son mary ».

le « vague » des expressions avec lesquelles elles parlent de cette institution. Nulle distinction n'y est présentée entre l'autorisation donnée au refus du mari et l'autorisation purement supplétive ; nulle énumération non plus des différentes hypothèses où à défaut du mari la justice sera compétente. Et cette rédaction très lâche deviendra du reste traditionnelle : les coutumes postérieures n'entreront pas dans plus de détails (1). Pour certaines même, qui ne semblaient présenter l'autorisation de justice que comme recours contre un refus injustifié du mari (2), leurs dispositions en réalité s'entendaient aussi bien de l'autorisation supplétive. La conséquence de ce manque de précision dans la rédaction fut de laisser le champ libre aux interprètes et de faire naître peu à peu cette idée que tout ce que le mari aurait pu autoriser, la justice le pouvait également permettre ; théorie dont nous aurons à étudier plus loin les conséquences qui furent importantes. Cette confusion dans les coutumes de deux choses différentes n'étonne pas, puisque, comme nous l'avons montré plus haut, les deux sortes d'autorisation de justice apparurent en même temps dans notre droit, et que nos anciens auteurs les confondaient volontiers

(1) Voyez par exemple l'article 215 de *Nouvelle coutume de Melun* ; *Dourdan*, a. 80 ; *Orléans*, a. 224.

(2) V. *Nivernais*, ch. V, a. 23, *Nouvelle coutume de Péronne*, a. 96 ; *Etampes*, a. 93, *Nouvelle coutume du Bourbonnais*, a. 287, etc.

puisqu'ils voyaient à la base même de cette autorisation un seul fondement : l'incapacité de la femme. Un second effet de cette absence de netteté a été de permettre les controverses que nous aurons à rapporter sur les effets de l'autorisation comme sur la sanction de la règle.

Mais à côté des coutumes qui font mention de l'autorisation de justice il y en a un grand nombre qui semblent entièrement l'ignorer. Il en est ainsi des coutumes de Montfort l'Amaury, de Melun, de Chartres, de Mantes, du Perche. Faut-il en conclure que dans ces régions, au début du moins, l'autorisation de justice était inconnue? — Assurément non; et pour plusieurs raisons. Tout d'abord si l'autorisation de justice nous apparaît comme un recours au prince souverain (Bouteiller), par ce fait même, elle pouvait s'étendre à tout le pays où le roi exerçait sa juridiction. En second lieu, développée par le Parlement de Paris, elle s'étendait forcément à plusieurs régions dont les coutumes rédigées postérieurement à l'apparition de cette jurisprudence la respectaient certainement (Chartres, Melun, Montfort, etc.) (1). En fait, l'autorisation de justice s'étendit si bien à toute la France coutumière, le

(1) Dans le *Coutumier général* de Bourdot de Richebourg, l'article 123 de la coutume de Montfort l'Amaury est complété par une parenthèse mentionnant l'autorisation de justice.

Parlement de Paris y était si évidemment attaché que plus tard il l'étendit même aux pays de droit écrit qui relevaient de sa juridiction.

(1) Guyot, *Répertoire*, V° *Autorisation*, section I. L'ordonnance de 1731 semblait même, quant à l'acceptation des donations, l'étendre à toute la France, pays de droit écrit compris.

DEUXIÈME PARTIE

PÉRIODE DE DÉVELOPPEMENT DE L'AUTORISATION DE JUSTICE DANS L'ANCIEN DROIT. XVe AU XVIIIe SIÈCLES.

INTRODUCTION

Ainsi que nous venons de le voir, avec l'autorisation de justice, particulièrement dans le rôle qu'on lui fit jouer d'autorisation supplétive, l'idée de l'incapacité de la femme s'introduisit dans les coutumes. Soutenue par les traditions du droit romain, et aussi par certaines formules du droit canonique, cette conception prit racine dans notre droit et s'y développa. Il nous faut donc montrer comment cette évolution s'accomplit avant la Révolution, et pour cela présenter une étude d'ensemble de l'institution telle qu'elle fut comprise au XVIe, au XVIIe et au XVIIIe siècles. Nous le ferons en passant successivement en revue les différentes questions que soulève l'autorisation de justice : de chacune de ces questions nous étudierons le développement dans les trois siècles, de façon à en mieux montrer les transformations, au lieu de faire une étude de l'autorisation de justice dans son ensemble pour chacune de ces périodes.

Nous aurons donc à voir successivement :

1° L'étendue et la limitation de l'autorisation de justice ;

2° Les effets de l'autorisation de justice ;

3° La sanction du défaut d'autorisation ;

4° Le rôle de l'autorisation de justice au cas de séparation de biens.

CHAPITRE PREMIER

ÉTENDUE ET LIMITATION DE L'AUTORISATION DE JUSTICE.

Pour déterminer quel rôle l'autorisation de justice pouvait jouer il nous faut étudier d'une part dans quelles hypothèses il y avait lieu de recourir à l'autorisation de justice à la place de celle du mari et d'autre part pour quels actes il était possible de la faire intervenir.

SECTION I

ÉTENDUE ET LIMITATION DE L'AUTORISATION DE JUSTICE QUANT AUX CIRCONSTANCES OU ELLE PEUT INTERVENIR.

Du XVIe au XVIIIe siècle l'autorisation de justice continua en somme à remplir d'une façon générale les deux fonctions qu'on lui attribuait dès le XIVe siècle, d'une part comme recours contre les décisions injustifiées du mari refusant à la femme de l'autoriser, d'autre part comme suppléant à cette autorisation quand le mari était dans l'impossibilité de la donner.

Sur le premier point peu de changements sont à signaler aux époques dont nous nous occupons : c'est que du jour où la justice put intervenir comme arbitre entre le mari et la femme, la principale utilité de l'autorisation judiciaire était trouvée et la théorie n'avait pas à s'en développer davantage. Il y a seulement lieu de signaler les différentes améliorations que l'on fit subir à la théorie. En premier lieu, une transformation de procédure, qui facilita l'emploi de cette autorisation, fut la suppression de la nécessité d'obtenir des Lettres royaux, et la faculté de s'adresser directement au juge laïque du lieu (1). C'est un point qui ne faisait plus de doute au commencement du XVIIe siècle (2).

Cependant il est assez difficile de fixer exactement à quelle époque se fit cette modification. Du Moulin, dans le courant du XVIe siècle, semble exiger encore que la femme obtienne des Lettres royaux avant de se faire autoriser par la justice (3) ; mais comme il rapporte un événement passé, le texte n'est pas suf-

(1) Le juge ecclésiastique n'était nullement compétent. Pourtant il semble qu'au moins jusqu'au début du XVIIIe siècle les officiaux aient parfois prétendu à cette compétence. Un arrêt du Parlement de Paris condamna cette prétention. V. Guyot, *Répertoire*, V° *Autorisation*, section VIII.

(2) Charondas sur Bouteiller, *Somme rurale*, édition de 1621, p. 69.

(3) Du Moulin, *Notes sur l'ancienne coutume de Paris*, a 106. « Marito tamen absente, qui est poursuivy par défaut, potest ut conjunctu persona suscipere defensionem ; ut una quae habuit Lettres Royaux pour estre à ce authorisée par le roy et par justice in absentia mariti sed succubuit.

fisamment net et d'autres indices permettent de supposer que de son temps les Lettres royaux n'intervenaient plus (1), ou du moins n'intervenaient plus nécessairement : il est probable que dès le commencement du XVIe siècle on s'adressait souvent au juge sans avoir rempli cette formalité préliminaire (2) qui tomba ainsi en désuétude.

Mais s'il importait d'accorder à la femme un recours prompt et facile contre un refus injuste du mari, il importait également d'éviter avec soin que ces recours ne devinssent abusifs, et que, par une trop grande facilité, ils ne portassent une véritable atteinte à l'autorité du mari, soit en enlevant à celui-ci le moyen d'exercer efficacement son autorité, soit en permettant à la femme des actes dangereux ou nuisibles à l'intérêt du ménage. C'est à quoi l'on parvint en établissant que l'autorisation ne serait donnée à la femme que sous deux conditions : d'abord

(1) Guy Coquille ne parle que de la « justice ». V. *Institution au Droit français*, p. 61 et 62 de l'édit. de 1703.

(2) Ceci nous paraît résulter de l'ancienne coutume de Péronne de 1567 qui semble permettre à la femme de s'adresser soit au roy, soit à la justice et non à l'un d'abord et à l'autre ensuite. « Par ladite coutume femme mariée ne peut agir ni aller en jugement sans l'autorité de son mari ou que pour ce faire elle soit autorisée de par le roy ou de justice. »

Il semble même résulter des décisions réunies par Fagniez dans le *Fragment d'un Répertoire de jurisprudence parisienne au XIVe siècle*, que devant le Chatelet de Paris du moins, et du moins aussi au cas d'absence du mari, les Lettres royaux n'étaient pas usitées. Peut-être n'y avait-on pas recours au cas d'autorisation supplétive ?

la justice ne devait statuer qu'en connaissance de cause de façon à ne permettre à la femme aucun acte qui pût être préjudiciable, et en second lieu, le mari devait être entendu en ses raisons, ou tout au moins sommé de les faire valoir : si ces raisons étaient justes et valables, l'autorisation ne pouvait être accordée. Et tout d'abord la justice ne pouvait accorder l'autorisation demandée qu'en connaissance de cause. La femme devait justifier de l'utilité de l'acte qu'elle devait accomplir et le juge statuait selon cette utilité. Cette règle semble s'être introduite d'assez bonne heure et cela est naturel : le juge se substituant au mari avait au moins à remplir le rôle que celui-ci devait jouer. Il y a là une nécessité que Du Moulin met en lumière sur l'article 214 de la Coutume de Melun, que certaines coutumes consacrent (1), et que nous voyons encore exigée plus tard par Bourjon (2) et Le Brun (3). Seulement entre temps et sous l'influence de la jurisprudence du Châtelet à Paris, la théorie s'était légèrement modifiée. A vrai dire, on n'exigeait plus la connaissance de cause par le juge, que s'il s'agissait pour la femme d'accomplir un acte extrajudiciaire ; pour un procès, au contraire, l'autorisation était en

(1) *Coutume de Sedan*, art. 96.

(2) Bourjon, *Droit commun de la France*, partie IV, ch. III, sect. IV, § XX et XIX.

(3) Le Brun, *Traité de la communauté*, liv. II, sect. IV. *Des autorisations de justice.*

quelque sorte accordée de droit sans qu'il y eut à examiner si c'était avec raison que la femme agissait (1). Sans doute l'on pensait que pour un procès les intérêts de la femme étaient suffisamment garantis par le fait que la justice exerçait forcément son contrôle durant toute la durée de l'instance. C'est là une idée que nous avons déjà rencontrée. Certains auteurs faisaient une autre distinction et n'exigeaient la connaissance de cause que s'il s'agissait d'un acte dépassant les limites de l'acte d'administration (2). Si l'autorisation donnée était préjudiciable à la femme, il y avait lieu à une action en nullité de l'autorisation qui appartenait tant à la femme qu'au mari (3).

Mais à vrai dire, il y a surtout là des mesures de protection pour la femme : ce qui importait davantage au mari, c'était que l'autorisation de justice ne pût être accordée à la femme, sans qu'il eût été à même de faire valoir les raisons d'un refus qui pouvait être parfaitement justifié. Aussi fut-ce également une règle de notre ancien droit que jamais la femme n'obtenait l'autorisation demandée sans que le mari eût été entendu ou dûment appelé. Cette règle est l'expression d'une idée aussi simple que raisonnable : il était impossible d'accorder à la femme mariée ce que

(1) Le Brun, *loc. cit.*
(2) Dunod, *Observations sur la coutume du comté de Bourgogne*, p. 22.
(3) Le Brun, section VI et Bourjon, section IV, p. 21.

son mari lui refusait sans que celui-ci ait pu faire valoir ses raisons. Il y a certains motifs de pure convenance qui pouvaient arrêter le mari, et à juste titre. Aussi la règle dont nous nous occupons est-elle probablement presque aussi ancienne que l'autorisation de justice elle-même et durera-t-elle aussi longtemps qu'elle sans doute. Le premier auteur coutumier qui signale l'autorisation de justice au refus du mari, Bouteiller, la connaît déjà (1) au XIVe siècle, et tous nos coutumiers (2) après lui, la mentionnent et parfois l'étudient avec certains détails. Mais ici encore la théorie ne subsista pas dans sa simplicité primitive et l'on finit par distinguer suivant les actes que la femme voulait faire. S'agissait-il d'un contrat ou d'un acte extrajudiciaire, en général la femme pouvait faire citer son mari : s'agissait-il au contraire d'un procès, l'autorisation de justice était accordée sans que sommation fut faite au mari. Comment cette théorie apparut-elle ? C'est ce que nous verrons plus loin quand nous étudierons la limitation de l'autorisation de justice quant aux actes auxquels elle s'applique. Qu'il nous suffise

(1) Bouteiller, *Somme rurale*, édition de 1621, p. 69 : « Item n'est à recevoir femme étant en lien de mariage si aussi qu'elle ne fut autorisée de son mari ou de son prince nonobstant son mari... *parties appelées sur ce.* »

(2) Voyez Masuer au XVe siècle, édition de Francfort, p. 22, n° 29 ; au XVIe Coquille, *Institution au droit français*, édition de 1703, p. 62 ; au XVIIIe, *Le nouveau style de Chatelet* (Paris, 1746, etc.).

de remarquer seulement qu'elle paraît bien avoir été formulée pour la première fois par Coquille (1), et qu'elle est la doctrine la plus générale à la fin du XVIIIe siècle (2).

Ainsi soigneusement réglementée l'autorisation de justice présentait un assez haut degré de perfectionnement : ajoutons que tous les dangers enfin étaient écartés grâce à une règle générale de l'autorisation maritale qui n'était pas modifiée pour l'autorisation de justice, la règle de la spécialité (3). L'autorisation accordée par le juge devait être donnée spécialement pour un seul acte et ne pouvait pas même s'étendre à une série d'actes semblables. Remarquons ici encore que la règle de la spécialité semble très ancienne : elle est impliquée nécessairement dans les premières décisions que nous avons rencontrées dans le XIVe siècle et nous avons vu comment déjà Bouteiller voulait que le mari fût entendu et comment le juge ne devait statuer qu'en connaissance de cause : ces deux règles supposent déjà que l'autorisation doit être spéciale : autrement elles seraient sans intérêt. Et ce fut du reste la tradition constante (4).

(1) *Institution*, édit. 1703, p. 62.

(2) Guyot, *Répertoire*, V° *Autorisation*, section VIII.

(3) Néanmoins certaines coutumes permettaient une autorisation générale comme celle de La Rochelle, article 23. Voir Renusson, *Traité de la communauté*, partie 8, ch. IX, n° 38.

(4) Voir dans le *Nouveau style du Chatelet* de Paris de 1746, une

Telle était l'autorisation de justice du refus du mari : grâce aux différentes règles que nous venons de présenter elle offrait tous les avantages que l'on pouvait attendre d'une autorisation de justice en permettant à la femme de faire réformer la décision de son mari et cela sans danger ni pour la femme ni pour le ménage, grâce à la connaissance de la cause par le juge, grâce à la comparution du mari, grâce enfin à la spécialité. A notre avis l'autorisation de justice recevait ainsi toutes les applications dont elle est logiquement susceptible : il nous reste à étudier maintenant le rôle qu'elle joua comme autorisation supplétive, rôle qui est au moins aussi considérable que celui-là.

Nous avons vu comment ce rôle, l'autorisation de justice l'avait joué dès son apparition et nous avons signalé des textes du XIVe siècle, où la femme est autorisée par justice en cas d'absence du mari (1). Il est à remarquer du reste que ces anciens textes ne font intervenir l'autorisation de justice que dans l'hypothèse de l'absence du mari. Mais une fois que l'idée eut été introduite elle produisit rapidement toutes les conséquences qu'elle impliquait et les cas d'autorisation supplétive se multiplièrent étrangement. Et cela était en quelque sorte forcé : dès que

formule de sentence du lieutenant civil autorisant une femme mariée : la spécialité y est nettement marquée.

(1) Voir les textes cités plus haut du *Fragment de Répertoire*, publié par Fagniez.

l'on admettait que la femme avait par nature besoin d'une protection qu'elle trouvait dans son mari ou à défaut dans le juge, il fallait bien admettre aussi que dans tous les cas où pour une cause quelconque le mari ne pouvait manifester sa volonté, le juge devenait immédiatement compétent. La femme mariée est désormais sous une véritable tutelle perpétuelle, et il devient vrai de dire que le droit la considère comme une incapable, ce qui assurément était faux au XIIIe siècle.

Or les cas étaient nombreux où le mari se trouvait dans l'impossibilité soit matérielle, soit tout au moins juridique, d'autoriser la femme. D'où une extension inévitable et considérable du rôle de l'autorisation de justice.

Quelles étaient donc ces hypothèses ? C'était d'abord l'absence, puis l'incapacité du mari. Pour l'absence du mari, qui est la plus ancienne application de l'autorisation supplétive, il y a peu de changements à signaler dans le cours de l'ancien droit. Le point le plus délicat dans la matière est d'éviter que le prétexte de l'absence ne fournisse à la femme un moyen commode d'éviter le contrôle de son mari en s'adressant directement à la justice. C'est là un danger auquel on remédia de bonne heure : la coutume était en effet, dès le XIVe siècle, de faire une enquête sur l'absence du mari invoquée par la femme, si les faits ne paraissaient pas suffisamment établis, comme le prouvent certaines décisions du Châtelet de Paris de cette époque (1). D'autre part il fallait une absence prolongée : c'est ce que disait déjà le *Grand Coutumier* (2), et ce que montrent les arrêts du XIVe siècle. Ces règles se maintinrent pendant toute la durée de l'ancien droit, sans que jamais néanmoins l'on ait tenté de fixer une durée nécessaire à l'absence du mari, ce qui s'explique d'une part par le manque de théorie générale sur l'absence dans l'ancien droit et d'autre part par la difficulté même qu'il y aurait eu sur ce point à exiger une absence prolongée, certains actes urgents pouvant nécessiter une intervention immédiate. Pothier reconnaît que l'intervention du juge est justifiée si l'on ne sait où est le mari au moment où l'acte est nécessaire (3), ou s'il est trop éloigné.

Au reste, il faut remarquer également que l'on assimilait à l'absence, certaines hypothèses délicates : il en était ainsi quand le mari avait été condamné par contumace à une peine qui entraînait la mort civile : dans ce cas, on le considérait comme absent

(1) Voir sur ce point Fagniez, *Fragment d'un Répertoire de jurisprudence parisienne*, *Absence*, nos 1, 3 et 4 : « Avons commis nostre « amé maistre Jehan de Fontenoy, examinateur à soi informer « de l'absence de son dit mary ». Décision I (1396).

(2) *Grand Coutumier*, édit. Dareste et Laboulaye, liv. II, ch. XXII : « Mais se le mary est absent par longtemps, le juge, « en faveur de la femme, la peut bien autoriser supplendo. »

(3) Pothier, *De la puissance maritale*, partie I, section II, art. I, § V et section I, § III.

pendant le délai imparti pour purger la contumace et la femme à son défaut se faisait autoriser par la justice (1).

L'incapacité du mari devait donner lieu à plus d'extension de l'autorisation supplétive. Nous avons remarqué que les anciens textes qui mentionnent l'autorisation de justice ne la font jamais intervenir par suite de l'incapacité du mari. Mais il n'en est plus ainsi dans la période du droit développé : les auteurs au contraire relèvent soigneusement les différents cas d'incapacité du mari et étudient les rapports qu'ils peuvent avoir avec l'autorisation. Ces différents cas sont la minorité, l'interdiction, la condamnation à certaines peines. Et tout d'abord la minorité. Le mari étant mineur, n'y aura-t-il pas lieu de remplacer l'autorisation qu'il devrait donner, s'il était capable, par celle de la justice, comme le décide maintenant le Code civil ? (article 224).

Sur ce point, il y eut parfois dissentiment chez nos anciens auteurs, et les raisons de ces divergences se comprennent facilement : d'une part, comment permettre à un incapable, le mari mineur, de protéger un autre incapable, la femme mariée (2). Mais, d'autre part, le mari mineur n'est-il pas muni

(1) Dunod, *Observations sur la coutume du Comté de Bourgogne*, p. 23.

(2) Certains auteurs refusaient au mari la faculté d'autoriser la femme pour les actes de disposition. V. Claude de Ferrière, *Commentaire sur la coutume de Paris*, sur article 234.

de la puissance maritale et comment alors lui en enlever la prérogative essentielle, le droit d'autorité ? — Ces hésitations à vrai dire ne vinrent qu'avec le temps, avec l'habitude prise d'étendre partout l'autorisation de justice. Cependant, elles furent assez fortes chez certains auteurs pour les décider à donner au juge un droit qu'ils considéraient le mari mineur comme incapable d'exercer. Mais tel ne fut pas, il faut bien le dire, l'opinion générale : la plupart des jurisconsultes, tant du XVIIe que du XVIIIe siècles tenaient le mari mineur comme parfaitement capable d'autoriser sa femme majeure ou mineure. Tel était le sentiment de Loisel qui énonce cette règle d'une façon générale sans même laisser entendre qu'il y eût discussion de son temps sur ce point. « Un mari mineur peut autoriser sa femme majeure sans qu'elle s'en puisse faire relever, mais bien lui » (1). Bien après, Bourjon énonce la même règle dans des termes aussi absolus (2). « Le mari mineur autorise valablement sa femme majeure. » Et il est bien certain que c'est là l'antique tradition, celle qui s'imposait nécessairement quand on n'avait pas encore imaginé de voir dans l'autorisation maritale, une mesure de protection en faveur de la femme (3). Sur ce point là, en somme, l'ancien droit,

(1) Loisel, *Inst. cout.*, liv. I, t. II, n° XXIII.

(2) Bourjon, *loc. cit.*, section III.

(3) Le Brun, *op. cit.*, liv. II, ch. I, section II fait un long examen

était resté, du moins chez un grand nombre de ses interprètes, conséquent avec lui-même. Le mari mineur, ayant la puissance maritale, il était logique qu'il pût autoriser. Mais le fait même de permettre au mari mineur d'autoriser sa femme n'était pas sans soulever certaines difficultés. Etait-il possible au mari mineur de se faire restituer contre l'autorisation qu'il avait ainsi donnée, comme un mineur le pouvait faire pour un acte quelconque lui portant préjudice? Il y avait une raison très forte de rejeter cette solution : en effet, si un tiers avait contracté avec une femme mariée majeure, autorisée de son mari, il avait tout lieu de croire que la femme était valablement autorisée et par suite entièrement capable, car il n'était nullement tenu de connaître la minorité du mari, auquel il n'avait pas directement affaire. Ce résultat était assurément dangereux : néanmoins l'opinion contraire prévalut et l'on admit que le mari mineur pourrait se faire relever de l'autorisation qu'il avait donnée à la femme, ce qui rendait celle-ci incapable. Tel était déjà le sentiment de Loisel (1). Telle était encore la règle au XVIIe et

de la difficulté et conclut que le mari mineur peut valablement autoriser sa femme majeure, « car, dit-il, dès que le mari est constitué tel, à quelque âge qu'il puisse être, il est le chef de sa femme ». Le Brun nous apprend du reste que cette solution avait reçu l'appui de deux arrêts, l'un de 1608, l'autre de 1618 (arrêt 113 du *Recueil des arrêts de Montholon*).

(1) Loisel, *Inst. cout.*, liv. I, t. II, n° XXIII. « Un mari mineur peut autoriser la femme majeure sans qu'elle puisse s'en faire re-

au XVIIIe siècles. Comme l'attestent Bourjon (1), Le Brun (2) et Pothier, visiblement cette solution fut adoptée généralement parce qu'elle était conforme au droit commun de la Minorité, et permettait d'assimiler l'autorisation à tous les actes du mineur (3). Il était du reste beaucoup plus dans l'esprit de l'ancien droit de veiller sur les intérêts du ménage et de la famille que sur les droits des tiers.

Si le droit coutumier demeura fidèle aux anciennes traditions quand il s'agissait de la minorité du mari, il ne fut pas animé du même esprit pour les autres cas d'incapacité du mari et ici le domaine de l'autorisation de justice s'élargit singulièrement. Il en fut ainsi quand le mari était interdit ou condamné au bannissement ou aux galères à temps, c'est-à-dire d'une façon générale à des peines n'entraînant pas la mort civile.

Le mari, fou ou prodigue, étant interdit, il était évident qu'il lui était impossible d'exercer la puissance maritale, et en cela sans doute sa situation

lever mais bien lui. V. aussi Renusson, *op. cit.*, 1re partie, ch. VII, n° 19.

(1) Bourjon, *op. cit.*, partie IV, ch. III, section III, n° XVII. Mais si le mari obtient restitution en entier contre l'autorisation, l'engagement de la femme devient nul, parce qu'en ce cas il devient sans base. »

(2) Le Brun, *op. cit.*, liv. II, chap. I, section II.

(3) La femme majeure n'aurait pu se faire restituer contre une autorisation à elle accordée par le mari mineur. Loisel, *loc. cit.* La femme mineure, encore qu'autorisée d'un mari majeur le pouvait parfaitement. Bourjon, *loc. cit.*

était très différente de celle du mari mineur : pour le fou, s'ajoutait à l'incapacité juridique une véritable impossibilité matérielle, et quant au prodigue, il y aurait eu un danger évident à lui laisser exercer ses droits de mari. C'étaient là des inconvénients que ne présentait nullement la minorité à cause du caractère toujours un peu conventionnel et artificiel de l'incapacité dont la loi frappe les personnes de moins d'un certain âge. Ces considérations justifiaient donc une solution toute différente de celle qui avait prévalu au cas de minorité et l'habitude de voir dans l'autorisation de justice un équivalent nécessaire de l'autorisation maritale conduisit tout naturellement à décider que le juge remplacerait le mari incapable. Cela paraît du reste avoir été admis sans difficulté, tant semblait légitime cette fonction de l'autorisation judiciaire (1.

Qu'arrivait-il au cas où la femme était nommée curatrice du mari ? L'on posa en principe qu'alors la femme était entièrement libre d'administrer tant ses biens propres que ceux du mari et de la communauté, rôle dans lequel elle agissait au nom du mari, mais on lui interdit tout acte de disposition à moins qu'elle n'eût obtenu l'autorisation du juge, même sur ses biens particuliers. Telle est la théorie de Pothier : « Lorsque dans ce cas, dit-il, la femme est créée

(1) Dunod, *op. cit.*, p. 22 ; Le Brun, *loc. cit.*, section II.

curatrice par le juge à la personne et aux biens de son mari, sa nomination à cette curatelle renferme nécessairement une autorisation pour administrer tant les biens de son mari que les siens. La femme n'a donc besoin d'aucune autorisation. Mais elle ne pourrait sans une autorisation particulière du juge aliéner quelqu'un de ses héritages, accepter ou répudier une succession qui lui serait échue et faire tout acte qui excéderait les bornes d'une administration (1). » La situation, dans ce cas, eût été la même pour la femme séparée de biens.

Une situation anologue, née du droit pénal, conduisit à une solution semblable : si le mari était condamné à une peine n'entraînant pas la mort civile la femme continuait en droit à être soumise à la puissance maritale et par suite à l'autorisation, mais en fait il était impossible au mari d'exercer ses droits. Il en était ainsi notamment si le mari était condamné au bannissement ou aux galères à temps, peines qui n'étaient pas accompagnées de la mort civile : quand il y avait eu mort civile en effet la question ne se posait plus, le condamné étant considéré comme mort (2). Ici encore le juge héritait d'une prérogative dont le mari ne pouvait plus avoir l'exercice, et l'autorisation judiciaire remplaçait

(1) Pothier, *op. cit.*, Ire partie, section II, article II, § IV.

(2) Bourjon, *op. cit.*, IVe partie, ch. III, section II, no XI ; Le Brun, *op. cit.*, liv. II, ch. 1, section II, no 12.

l'autorisation maritale (1). Mais également ici s'introduisit la distinction devenue en quelque sorte classique : la femme qui administrait les biens de son mari condamné n'avait besoin de l'autorisation que pour les actes qui dépassaient la simple administration (2). Nous avons déjà signalé plus haut, en parlant de l'absence du mari, que l'on assimilait à l'absent le condamné par contumace à une peine entraînant la mort civile, pendant les cinq ans durant lesquels il était possible de purger la peine (3).

Nous venons aussi de passer en revue les différents cas où les anciens jurisconsultes permettaient à l'autorisation de justice d'intervenir : de cet examen une idée générale se dégage, qui est la suivante : dans tout le cours de l'ancien droit la tendance constante fut d'étendre le domaine de l'autorisation de justice, et de lui faire remplir le rôle de l'autorisation maritale, chaque fois que, par suite d'une impossibilité matérielle ou par suite d'une incapacité juridique, le mari ne pouvait exercer ses droits. La remarque a son importance au point de vue historique : elle nous permettra de voir comment cette tendance aboutit enfin dans le Code civil à une confusion, on peut le dire, complète, entre le domaine

(1) Dunod, *op. cit.*, p. 23 ; Pothier, *op. cit.*, Ire partie, section II, article 1er, § III.

(2) Dunod, *loc. cit.*

(3) Dunod, *op. cit.*, p. 23; Pothier, *loc. cit.*

de l'autorisation de justice et le domaine de l'autorisation maritale. Mais il nous faut voir pour achever cette étude du rôle de l'autorisation de justice, comment elle parvint à suppléer l'autorisation maritale, non seulement dans toutes les circonstances mais encore pour tous les actes.

SECTION II

ÉTENDUE ET LIMITATION DE L'AUTORISATION DE JUSTICE QUANT AUX ACTES AUXQUELS ELLE S'APPLIQUE.

Nous avons montré plus haut (1) comment primitivement l'autorisation de justice n'intervenait qu'à l'occasion d'un procès que la femme avait besoin d'intenter ou auquel elle devait défendre. La raison en était sans doute dans cette idée que le juge pouvait ainsi surveiller l'acte pour lequel il avait autorisé la femme, ce qui était au moins fort difficile quand il s'agissait d'un contrat. — Mais cette ancienne solution devait être vivement combattue et l'ancien principe ne devait pas subsister, du moins dans toutes ces conséquences.

A quel moment commença-t-on à concevoir que l'autorisation de justice pût intervenir même au sujet d'un acte extra-judiciaire, c'est ce qu'il est fort

(1) Voir *suprà*, page 19, et les textes cités à l'appui.

difficile de déterminer nettement. Au début du XVIe siècle l'ancienne doctrine semble encore intacte. La coutume de Troyes de 1509 dit encore que l'autorisation de justice ne s'applique qu'aux procès, non aux autres actes (1). Mais dans le courant de ce siècle une tendance contraire commença à se manifester : certains jurisconsultes comme Du Moulin (2), cherchaient manifestement à faire jouer à l'autorité de justice un rôle universel. Et cependant Du Moulin lui-même ne semble pas encore permettre d'une façon générale à la femme de se faire autoriser par le juge à passer un contrat. Il y avait encore des hésitations que nous révèle Guy Coquille en même temps qu'il expose la théorie universelle : examinant l'hypothèse où la femme ayant besoin d'accomplir un acte se voit refuser l'autorisation par son mari, Coquille nous dit qu'elle doit avoir recours à la justice, du moins s'il s'agit d'un procès, « car, dit-il, pour

(1) *Cout. de Troyes*, a 80. « La femme mariée est en la puissance de son mari, supposé qu'elle ait père ou aïeul paternel, en telle manière qu'elle ne peut faire contrat entre vifs, ni ester en jugement sans l'autorité de son dit mari *ou de justice quant aux actes judiciaires.* »

(2) Voir comment Du Moulin fait intervenir l'autorisation de justice dans des matières purement féodales : dans ses notes sur la coutume de Paris (a. 37), il permet à une femme qui hérite d'un fief, et dont le mari est absent, de prêter l'hommage en se faisant autoriser par le juge. Cette tendance à étendre toujours l'application de l'autorisation de justice se signale déjà d'une façon intéressante dans les décisions du Chatelet de Paris, citées plus haut, où l'on voit des autorisations de justice données non seulement à des femmes mariées, mais encore à des mineurs. Fagniez, *loc. cit.*, n° 4.

contracter et s'obliger, je croy que la justice ne la doit autoriser » (1). Et en décidant ainsi Coquille suit assurément la tradition, selon son habitude. Mais la solution ne le satisfait pas entièrement, et il finit par accorder dans la suite de la phrase ce qu'il refusait au début en y ajoutant les mots : « sinon après avoir ouï le mary et si la disposition qu'elle veut faire lui est nécessaire ou utile et honnête ». Somme toute la théorie de Guy Coquille peut se résumer de la façon suivante : si le mari refuse à la femme l'autorisation demandée, elle peut avoir recours à la justice. Mais celle-ci, s'il s'agit non d'un procès, mais d'un acte extra-judiciaire, ne pourra accorder l'autorisation qu'en connaissance de cause et après avoir entendu le mari. — Nous verrons plus loin quelle fut la fortune de cette doctrine, examinons d'abord les raisons que Coquille put avoir de la formuler. Sans doute en posant tout d'abord l'ancien principe suivant lequel la femme n'avait aucun recours contre les décisions du mari dans l'hypothèse d'un contrat, Coquille y voit immédiatement des inconvénients. Si l'on permet à la femme de faire redresser par le juge la décision du mari qui lui interdit d'exercer une action judiciaire nécessaire, c'est que cette décision peut causer à la femme un grave préjudice ; mais les mêmes raisons ne se rencontrent-elles pas quand

(1) Coquille, *Institution au droit Français* dans *Œuvres*, édition de 1703, p. 62.

il s'agit d'un acte extra-judiciaire ? Ne peut-il pas être aussi nuisible aux intérêts de la femme qu'un contrat lui soit interdit ? Le mari ne peut-il aussi injustement se refuser à une aliénation nécessaire ou à une acquisition avantageuse qu'à un procès ? La femme ne sera-t-elle pas lésée dans un cas comme dans l'autre ? — Assurément de telles considérations conduisirent Coquille à étendre ainsi le champ d'application de l'autorisation de justice : les raisons mêmes qui avaient porté l'ancien droit à donner compétence au juge s'il s'agissait d'une action conservaient à la réflexion toute leur force quand il s'agissait d'un contrat. Mais comme nous l'avons indiqué, il y avait des considérations pratiques qui avaient décidé les anciens auteurs à ne pas faire cette extension : le juge, en effet, qui accorde à la femme l'autorisation de plaider, ne peut-il pas, pendant toute la durée du procès, contrôler l'emploi que la femme fera de cette autorisation ? Ne pourra-t-il pas empêcher qu'elle n'en fasse un moyen de se soustraire à la puissance du mari, qu'elle ne porte atteinte aux intérêts de la communauté, ainsi qu'il était possible en semblable occurrence comme nous aurons à le voir plus loin ? Pourra-t-elle, au contraire, exercer ce contrôle s'il s'agit d'un contrat, ou de tout acte extra-judiciaire qui s'accomplit en dehors du tribunal, parfois même sans aucune solennité ? Ces objections l'avaient emporté dans les esprits du XIVe et du XVe siècles ; Coquille ne croit pas qu'elles puissent suffire à faire renoncer à un principe qui présentait de grands avantages ; à de tels dangers il suffisait simplement d'obvier par des remèdes spéciaux, et ces remèdes il les trouve dans la connaissance de cause imposée au juge et dans l'obligation d'entendre le mari.

A vrai dire la théorie de Coquille avait, par sa sagesse, une supériorité marquée sur l'ancien système. Pourtant elle se heurta longtemps à la tradition. Nous trouvons encore des dissidents considérables au XVIIe siècle, parmi lesquels il faut ranger Loisel au dire de son commentateur Darot (1). En réalité les partisans du système ancien n'abjurèrent jamais entièrement. Renusson nous dit que de son temps la question était controversée malgré un arrêt du Parlement de Paris de 1722 qui s'était prononcé dans le sens de Guy Coquille (2). A la fin du XVIIIe siècle Guyot (3) donne la question comme encore débattue entre les jurisconsultes.

Mais en réalité ce n'étaient plus là que des débats

(1) Loisel, *Inst. Cout.*, livre I, t. II, n° XXII : « Si le mari est refusant de les autoriser (les femmes) elles seront autorisées par justice, etc..... » et Darot ajoute : « Il paraît par toute la teneur de cette règle que ce *n'est que dans le cas d'un procès et pour ester en jugement que l'auteur a dit que la femme serait autorisée par justice*, au refus de son mari : *elle ne le pourrait être ni pour contracter malgré son mari, ni pour donner entre vifs.* »

(2) Renusson, *Traité de la communauté*, *loc. cit.*, n° 37.

(3) Guyot, *Répertoire*, mot *Autorisation*, section VIII.

de théoriciens : la pratique était définitivement fixée dans le sens de l'arrêt de 1722. Elle n'était pas allée jusqu'à assimiler entièrement les actes extrajudiciaires aux procès, mais elle avait néanmoins reconnu la possibilité pour la femme de se faire autoriser par le juge et cela selon les distinctions faites par Guy Coquille lui-même, de sorte que sa théorie eut assez d'influence pour triompher définitivement devant les tribunaux. Ainsi donc en réalité la femme se faisait autoriser judiciairement au refus du mari, même s'il s'agissait pour elle de passer un contrat, mais il fallait toujours dans une semblable hypothèse que le mari eût été entendu et que le juge eût accordé l'autorisation en connaissance de cause. Il était en effet de doctrine courante que, l'autorisation étant établie dans l'intérêt du mari comme dans celui de la femme, le mari pouvait arguer de nullité l'engagement pris par la femme si l'autorisation n'avait pas été donnée en connaissance de cause, et d'autre part que la femme pouvait se faire restituer contre une autorisation qui lui avait été préjudiciable (1). En définitive, la jurisprudence du Chatelet et des Parlements de droit coutumier avait ainsi suivi Guy Coquille dans sa distinction (2).

Telle était la théorie générale, mais il y avait des

(1) Sur ce point Bourjon, section IV, n° 21, arrêt du 19 avril 1689.

(2) Bourjon, *op.cit.*, section IV, n° 20 ; Guyot, section VIII.

actes particuliers qui, soit à cause de leur nature, soit à cause de certains articles des coutumes, soulevèrent quelques difficultés. Les principaux de ces actes étaient le testament et l'exécution testamentaire.

Le testament dans la plus grande partie des coutumes était un acte que la femme pouvait accomplir librement sans avoir aucunement besoin de l'intervention de son mari ; c'était là la coutume de Paris et le droit commun coutumier. Mais à côté l'on rencontrait un certain nombre de coutumes qui exigeaient au contraire l'autorisation maritale pour le testament. Il faut citer parmi les coutumes celles de Normandie (a. 47), de Bourbonnais (a. 216) de Nivernais (ch. XXIII, a. 1), de Cambrai (T. III, a. 1), de Bretagne (a. 619), de Tournay (T. XIV, a. 6 et 7), d'Arras (a. 86), et enfin du duché de Bourgogne (a. 20). — Les dispositions de ces coutumes, révélatrices peut-être d'un ancien état général du droit français (1), ne s'expliquaient plus facilement pour les esprits du XVIIe et du XVIIIe siècles : une telle exigence semblait monstrueuse comme supprimant la liberté dans l'acte même où elle est le plus nécessaire. A ce grand mal certains jurisconsultes proposèrent un grand remède, qui est intéressant parce qu'il marque bien la tendance à l'unification du droit

(1) Voir plus haut, p. 10, note I.

coutumier corrigé par la raison et modelé sur la coutume de Paris qui caractérise le développement juridique aux derniers siècles de l'ancien droit ; ce remède consistait simplement à considérer ces articles archaïques comme non écrits dans les coutumes, ou plutôt comme tacitement abrogés à cause de leur caractère déraisonnable. Et cette solution fut prônée par d'éminents esprits comme Coquille dans ses *Questions et réponses*, Basnage dans son *Commentaire sur la coutume de Normandie* et Tiraqueau (1). Mais elle se heurtait trop vivement aux articles formels des coutumes, et elle ne semble pas avoir triomphé. C'est qu'en effet, il y avait à cette injustifiable intervention du mari un remède tout trouvé dans l'autorisation de justice. Bouhier dit formellement qu'il y a là une garantie suffisante pour que l'on ne soit pas obligé d'admettre la théorie de l'abrogation tacite (2). Nous nous trouvons ainsi en présence d'une nouvelle application de l'autorisation de justice : il faut bien reconnaître d'ailleurs qu'il n'y avait là qu'un pis aller pour corriger les conséquences funestes d'une loi mauvaise, et que ni le

(1) Coquille, *Question* 104 ; Basnage, sur article 417, *Cout. de Normandie* ; Tiraqueau, *Ad leges connubiales*, G. V, n° 94 (Tiraqueau l'avait lui-même prise dans les Bartolistes, notamment chez Paul de Castro).

(2) Bouhier, *Commentaire sur la coutume du duché de Bourgogne*, t. I, p. 331.

mari ni la justice ne doivent intervenir au testament de la femme.

Pour l'exécution testamentaire la question se présentait un peu différemment, à cause du caractère même de l'institution : il y avait là une source d'obligations qui pouvaient paraître, à cette époque, sortir un peu des occupations propres à la femme, et il pouvait paraître bon de laisser le mari juge de la question. Mais il y avait d'autres considérations qui poussaient dans la même voie, tirées de l'intérêt des tiers : la femme exécutrice testamentaire assumait par là des responsabilités envers les héritiers et légataires du *de cujus*, que la nue propriété de ses propres eût été généralement insuffisante à garantir, et faute d'autorisation maritale c'eût été là tout le gage des créanciers de la femme. A entendre les jurisconsultes ce furent assurément ces considérations qui dictèrent la solution. « La femme, dit Bourjon, sur une autorisation de justice ne peut s'immiscer dans l'exécution d'un testament dont elle est nommée curatrice, parce qu'une telle autorisation pour ce serait irrégulière et les héritiers du testateur bien fondés en en interjetant appel » (1).

(1) Bourjon, *op. cit.*, section IV, n° 24. Voir également Le Brun, *op. cit.*, liv. II, ch. I, section III, n° 11. « Pour les femmes mariées elles doivent être autorisées par leur mari pour accepter une exécution testamentaire, qui les oblige à un compte ». Faute d'autorisation du mari les héritiers n'auraient pas une garantie suffisante du paiement du reliquat du compte.

Ces raisons sont d'ailleurs généralement adoptées par les commentateurs du Code civil pour justifier l'article 1029.

Si nous voulons maintenant résumer les conclusions que l'on peut tirer d'une façon générale de cette étude de la limitation de l'autorisation de justice, il nous faut ici encore constater l'extension prise par cette institution. Nous n'avons en définitive rencontré qu'un seul acte qui, à la fin de l'ancien droit fût interdit à la femme autorisée de justice, l'exécution testamentaire. Pour tout le reste, après la longue controverse sur les contrats, l'extension se produisit, malgré certaines résistances dans la doctrine, et en somme, autorisée du juge, la femme en était venue à pouvoir faire tous les actes dont elle était capable, autorisée de son mari. Et cette extension eut en quelque sorte un double effet : elle permit d'abord à la femme, et en cela il n'y eut que progrès, d'en appeler de tous les refus injustifiés du mari, non seulement au sujet d'un procès mais également au sujet de tout autre acte, et en second lieu elle élargit singulièrement le champ de l'autorisation supplétive. Tant que la justice ne pouvait autoriser la femme que pour des procès, la femme en cas d'absence ou d'interdiction du mari redevenait en quelque sorte entièrement capable pour les autres actes: désormais il n'en sera plus ainsi ; les actes extrajudiciaires devenant comme les actes judiciaires du ressort de l'autorisation de justice, il n'y eut plus lieu d'avoir deux poids et deux mesures. Nous verrons comment enfin le Code civil consacra cette tendance dans l'article 222. Et, conclusion plus générale encore, désormais la femme mariée peut véritablement être appelée une incapable dans notre droit, puisque là où jadis elle n'était que subordonnée à la puissance maritale, elle est maintenant protégée par la justice. Par là donc l'extension de l'autorisation de justice a donc eu cette conséquence considérable de modifier le fond même de la puissance maritale et d'en dénaturer la conception.

CHAPITRE II

DES EFFETS DE L'AUTORISATION DE JUSTICE.

L'autorisation maritale avait pour effet, par le concours même que le mari donnait ainsi aux actes de sa femme, de permettre l'exécution de l'obligation ou de la condamnation non seulement sur les biens propres de la femme mais en même temps sur les biens communs et subsidiairement sur ceux du mari (1). C'était là un grand avantage pour le tiers qui avait contracté avec la femme. C'était également un avantage pour la femme qui trouvait ainsi un crédit plus solide. Mais pouvait-il en être de même quand l'autorisation judiciaire remplaçait l'autorisation maritale ? Celle-là devait-elle remplacer celle-ci jusque dans ses effets ?

Les principes généraux du droit coutumier sur la Communauté, qui ne permettent d'obliger celle-ci que par les actes accomplis par le mari comme chef, conduisaient naturellement à décider que les actes de la femme autorisée de justice, étrangers au mari et à la communauté, demeuraient sans effet à leur égard, et ne pouvaient en rien leur nuire, qu'il

(1) Pothier, *loc. cit.*, section V, nº 72.

s'agît d'un contrat ou d'une condamnation. Et, comme nous allons le voir, cette solution rallia, dans notre ancien droit, le plus grand nombre de suffrages : elle avait le grand avantage de se modeler exactement sur les lignes principales du droit de la Communauté, et de laisser absolument intact le pouvoir du mari sur les biens, là même où l'on avait cru bon de battre en brèche sa puissance sur la personne de la femme.

Mais cette théorie n'allait pas sans certains inconvénients : elle était assurément fort rigoureuse pour les tiers et elle paralysait leurs droits là même où le mari s'était injustement refusé à autoriser sa femme. Et ces considérations firent admettre à certains jurisconsultes une théorie opposée, où l'on reconnaissait à l'autorisation judiciaire le pouvoir d'obliger le mari et la communauté. Cette opinion joua d'ailleurs un rôle assez considérable pour avoir influencé parfois la jurisprudence et avoir laissé des traces chez certains jurisconsultes comme Le Brun. Il nous faut donc étudier ici ces deux théories opposées qui forment toute l'histoire des effets de l'autorisation judiciaire avant la Révolution.

SECTION I

THÉORIE CLASSIQUE.

Exposons donc brièvement la première solution du problème. Cette solution consiste, ainsi que nous l'avons vu, à refuser à l'acte accompli par la femme autorisée de justice, toute influence sur les biens communs et sur ceux du mari. L'idée sur laquelle repose cette solution est que le mari ni la communauté dont il est le chef ne peuvent subir la conséquence d'un acte accompli malgré sa volonté ou tout au moins sans son consentement ; le mari seul peut obliger la communauté, dont seul il peut être chef. Il résultait donc de là, que les tiers, qui avaient contracté avec la femme ou obtenu contre elle une condamnation dans de semblables conditions, n'avaient comme gage de l'obligation de la femme que la nue propriété de ses propres : l'usufruit de ces biens, et les biens communs demeuraient entièrement soustraits à leurs poursuites. Nous trouvons cette théorie résumée par Pothier avec sa netteté habituelle dans son *Traité de la puissance du mari* : « La seule différence, dit-il, entre l'autorisation du mari et celle du juge est que lorsqu'une femme, durant le mariage, a contracté quelque obligation, n'étant autorisée que par le juge le créancier ne peut se faire payer sur les biens de la communauté, tant qu'elle subsiste.... au lieu que lorsque la femme a été autorisée de son mari pour quelque obligation qu'elle a contractée durant le mariage, le mari ayant approuvé l'obligation ne peut s'opposer au paiement que le créancier a exigé durant la communauté » (1). Et Pothier ne fait ici que résumer une doctrine qui avait cours en France depuis plusieurs siècles, et que nous trouvons chez les jurisconsultes dès le XVIe siècle, et dans certaines coutumes dès l'époque de leur rédaction. C'est ainsi qu'elle est déjà formulée par Guy Coquille (2) s'appuyant sur la coutume d'Orléans. Plus tard, Loisel (3) est du même sentiment, ou du moins c'est ainsi que Darot interprète la règle XXII du titre du mariage. Dunod admet également cette opinion (4) et Bourjon la consacre comme droit commun coutumier (5). « Les engagements, dit-il, que la femme contracte en conséquence d'une autorisation de justice ne peuvent jamais nuire à la communauté ; ce qui la compose est indépendant du fait de la femme, et par telle voie que ce soit elle ne peut l'affaiblir : en effet, quand la femme agit autorisée par la justice, elle n'engage que la nue propriété de ses propres, les fruits d'iceux res-

(1) Pothier, *Traité de la puissance du mari*, 1re partie, sect. I, § III.
(2) Coquille, *Institution, Des droits de mariez*, p. 62 (édit. de 1703).
(3) Loisel, *Inst. coutumières*, liv. I, t. II, n° XXII.
(4) Dunod, *op. cit.*, page 15.
(5) Bourjon, *op. cit.*, section IV, n. XXII.

tant toujours au profit de la communauté...... » C'était donc là une opinion traditionnelle et courante à laquelle se conformaient la plupart des jurisconsultes. Ajoutons enfin qu'elle avait généralement fini par recevoir la consécration de la jurisprudence : au dire de Bourjon, de son temps « on l'appliquait invariablement » au Châtelet.

Elle avait d'ailleurs l'avantage d'avoir été expressément formulée par certaines coutumes, notamment par la coutume d'Orléans dont l'article 201 sur l'autorisation de justice contenait la proposition suivante : « Sans que les sentences des jugements qui pourraient être données à l'encontre des dites femmes non autorisées ni avouées par les dits maris puissent être exécutées sur les biens de la communauté et durant icelle ». Il y avait dans ce texte, étant donné l'importance de la coutume, un appui très solide pour l'extension de cette théorie dans toute la France coutumière. Mais, à vrai dire, la force de cette doctrine lui venait surtout de la conformité où elle était avec les principes reconnus de la communauté. Elle avait le grand mérite, aux yeux des juristes et des praticiens du temps, de respecter entièrement la puissance du mari et ses pouvoirs de chef de la communauté.

Ce n'est pas à dire que d'ailleurs l'on n'apportât pas quelques exceptions en pratique à cette règle genérale. Il y avait quelques hypothèses particulièrement favorables où l'on estimait bon de permettre à la femme d'engager la communauté (1). Il n'y avait guère entre les jurisconsultes sur ce point que quelques divergences quand il s'agissait d'énumérer ces différentes hypothèses. La première, sur laquelle d'ailleurs tout le monde semble avoir été d'accord, est celle où la femme s'engageait pour tirer le mari de prison (2). La seconde, qui s'était présentée plusieurs fois en jurisprudence, est celle où la femme constituait une dot à un enfant commun (3) ; sur ce point, d'ailleurs, la jurisprudence était vivement blâmée par certains représentants de la doctrine. Enfin, quelques auteurs en décidàient

(1) Il importe de remarquer sur ce point que non seulement l'on permettait à la femme dans ces hypothèses d'engager la communauté, mais que l'on lui reconnaissait généralement alors ce droit sans avoir besoin d'aucune autorisation même de la justice. V. Claude de Ferrière, *Commentaire sur la coutume de Paris*, art. 134. Au XVIIIe siècle l'on exige généralement que la femme ait été autorisée de la justice. Bouhier, *op. cit.*, ch. XIX, n° 88 ; Pothier, *op. cit.*, 1re partie, section III, § I. Mais il y eut toujours une catégorie d'actes que l'on ne soumettait à aucune autorisation, c'étaient ceux que la femme accomplissait pour les dépenses du ménage. Pothier, *loc. cit.*, néanmoins Bouhier semble résister encore à cette idée. Lamoignon dans ses *Arrêtés* (*Communauté*, art. 69) dispensait entièrement la femme d'autorisation pour de telles dépenses.

(2) Claude de Ferrière, *loc. cit.* ; Renusson, *op. cit.*, 1re partie, ch. VII, n° 31 ; Pothier, *loc. cit.*

(3) Mêmes auteurs. Ferrière nous apprend qu'un arrêt du 13 mars 1651 avait reconnu valable une constitution de dot faite par une femme mariée non autorisée à sa nièce. Il voit à cet arrêt beaucoup de difficultés, dit-il.

de même quand il s'agissait d'impenses nécessaires faites sur les propres de la femme (1).

Enfin la plupart des auteurs signalent un autre cas où la communauté se trouve engagée par la femme, autorisée de justice seulement, c'est quand elle a profité de l'acte accompli, auquel cas elle est tenue d'une action et *de in rem verso* dans la mesure du bénéfice retiré (2). La coutume d'Orléans faisait déjà mention de cette hypothèse dans son article 201 (3). Mais ce n'étaient jamais là que des exceptions au principe reconnu.

SECTION II

THÉORIE DISSIDENTE DE LOYSEAU.

Malgré son succès cette théorie ne fut pas sans susciter des protestations fort vives de la part de certains jurisconsultes qui lui opposèrent une doctrine, d'après laquelle l'acte accompli par la femme autorisée de justice pourrait produire effet sur les biens communs et sur les biens du mari. Cette opi-

(1) De Ferrière, *loc. cit.* Cet auteur nous signale encore une autre hypothèse qui impliquerait une même solution : il s'agit du cas où la femme est dans les liens d'un mariage secret. Un arrêt de 1601 aurait statué en ce sens.

(2) Pothier, *op. cit.*, 1re partie, section I, § 3.

(3) *Cout. d'Orléans*, art. 201..... « Toutefois le mari sera tenu de rapporter ce qu'il aura pris et reçu à cause desdits droits et actions poursuivies par ladite femme... »

nion, sans avoir généralement été admise, doit être néanmoins étudiée, car, outre qu'elle fut formulée par des jurisconsultes de valeur, elle eut pendant longtemps une certaine influence sur la jurisprudence (1) et elle met nettement en lumière certains inconvénients de la première. C'est particulièrement chez Loyseau et plus tard chez Basnage que ces idées ont pris forme. Mais c'est Loyseau qui peut être considéré comme le véritable inventeur de cette doctrine et c'est chez lui qu'il faut l'étudier pour en découvrir les raisons d'être et la justification.

Pour les raisons qui conduisirent Loyseau à ne pas suivre le sentiment général, ce furent des raisons de pratique beaucoup plutôt que des raisons théoriques : ces dernières ne viennent qu'ensuite comme justification juridique d'un système qu'il croit équitable dans la pratique courante. Ces raisons de pratique, Loyseau les expose assez longuement et avec beaucoup de vigueur. Elles peuvent toutes se résumer en une idée principale : refuser à un acte de la femme autorisée de justice tout effet sur les biens communs et sur ceux du mari, c'est permettre,

(1) Voici l'exposé de la controverse dans Renusson, *op. cit.*, 1re partie, ch. XII, nos 20 et suivants. Il signale que l'opinion commune de son temps n'admet pas que le mari puisse être tenu, (no 24), mais il reconnaît que cela est dangereux en permettant au mari d'obtenir les avantages d'une succession mobilière sans en subir les inconvénients. On devrait selon lui, dans ce cas, donner au mari le droit de renoncer à la succession : il n'en profiterait ni n'en pâtirait (no 31).

consciemment ou inconsciemment que les intérêts des tiers soient perpétuellement lésés. Et voici comment : supposons que la femme ait un procès avec un tiers et que, le mari ne l'ayant pas autorisée, elle se fasse autoriser par la justice. Si l'adversaire de la femme obtient contre elle condamnation, comment va-t-il pouvoir faire exécuter le jugement ? Il ne peut s'attaquer ni aux biens du mari, ni aux biens communs, par hypothèse ; il ne lui reste donc que les propres de la femme pour la nue propriété, puisque la jouissance est commune et qu'il ne peut y porter atteinte. C'est là un bien maigre gage qui peut se trouver insuffisant. « De sorte, dit Loyseau, que plusieurs juges renvoient et font attendre le créancier après la dissolution du mariage, d'autres lui permettent de vendre par décret la simple propriété des biens de la femme, à charge de l'usufruit tant que le mariage durera, qui n'est pas pour trouver bien de l'argent. » Prenons maintenant avec Loyseau lui-même une seconde hypothèse. « Le même inconvénient, dit-il, survient quand une femme pendant le mariage appréhende quelque succession, car si le mari est homme de pratique, n'ayez pas peur qu'il l'autorise pour ce faire (1) ». Qu'en va-t-il résulter ? C'est que le mari qui a pu entrer en possession des meubles tombés en communauté, se

(1) Loyseau, *Traité du déguerpissement*, Livre II, chap. IV, nos 13, 14, 15, 16, 17, 18.

refusera à acquitter les dettes successorales, comme dettes personnelles de la femme non autorisée de lui, qui ne peuvent lui nuire. Ce sont là des conséquences d'autant plus regrettables que, comme le montre fort bien Loyseau, elles prêtent à des fraudes faciles. Et en fait ces fraudes, selon lui, se produisaient très fréquemment : « De là s'est glissée une ruse et subtilité de pratique assez dangereuse, à savoir qu'aujourd'hui le mari craignant l'événement de ce procès n'entre jamais en cause et jamais n'autorise la femme pour plaider, mais déclare volontiers qu'il se rapporte à la justice de l'autoriser et par ce moyen il prétend éviter la condamnation des dettes de sa femme et les dépens du procès, et toutefois s'il en vient du procès, il n'a garde de faillir de le prendre. Et il ne faut pas trouver étrange si cela se pratique communément. » Ces inconvénients se manifestent assez fréquemment dans les faits pour que, bien après Loyseau, Basnage dans son *Commentaire de la coutume de Normandie*, ait cru bon, reprenant les exemples cités par Loyseau, de les signaler encore comme un danger.

Le remède à cet état de chose, Loyseau et Basnage le voient dans une doctrine qui ferait subir au mari et à la communauté les conséquences des actes de la femme, qu'elle fût autorisée par la justice ou par le mari sans distinction.

(1) Basnage, *Commentaire sur la Cout. de Normandie*, Commentaire sur article 544 de la Coutume.

« Comme le mari, dit Loyseau, jouit des propres de la femme, tant à cause de la puissance maritale que de la communauté, aussi pour ces deux causes il est tenu de payer les dettes mobilières et les arrérages des immobilières (1). » Et Basnage plus tard se prononce dans le même sens.

A vrai dire cette théorie présente sur la précédente l'incontestable avantage de mieux assurer les droits des tiers. Et Loyseau s'empresse d'ajouter qu'elle n'aura pas l'inconvénient que l'on pourrait craindre, celui d'obliger injustement le mari malgré sa volonté, puisque le juge ne doit autoriser la femme qu'en connaissance de cause et après avoir entendu le mari : si celui-ci a de justes raisons à faire valoir le juge n'accordera pas l'autorisation. S'il en est autrement, n'est-il pas juste que l'acte avantageux accompli par la femme produise toutes les conséquences dont il est susceptible ?

Mais là n'était pas la difficulté dans la théorie de Loyseau : le point délicat était de trouver une raison juridique pour obliger le mari et la communauté alors que le principe constant était que l'autorisation du mari lui-même pouvait seule produire un tel

(1) Loyseau, *loc. cit.*, n° 17. « Comme seigneur des biens de la » femme il est raisonnable qu'il paye ses dettes, comme tout suc- » cesseur universel est tenu de payer les dettes des biens auxquels » il succède, *quia bona dicuntur deducto aere alieno et aes alienum* » *onus est universi patrimonii*, et toutefois jusqu'à la valeur et con- » currence des biens de la femme, *quasi actione de peculio*. »

résultat. C'est ce qu'il s'efforce de faire au moyen des deux arguments suivants. Le premier consiste à dire que le mari étant seigneur des biens de la femme, était par suite successeur universel de celle-ci et comme tel tenu de toutes ses dettes, du moins jusqu'à concurrence des biens auxquels il succède.

Le second argument de Loyseau est tiré de la communauté : « à cause de la communauté, dit-il, le mari est encore plus étroitement tenu des dettes de la femme, *quia debita et credita veniunt in societatem* ». La communauté est donc une société de tous biens où entrent à la fois l'actif et le passif entiers des époux. Telles sont les raisons que donnent Loyseau de son opinion.

Ces raisons sont d'une valeur inégale. La première n'est qu'un rapprochement par analogie qui n'est pas très solide : il n'est pas exact d'assimiler le mari seigneur des biens de la femme à un successeur universel, et, le fût-il, cela n'impliquerait nullement qu'il fût tenu des dettes de son auteur postérieures à son incapacité. Quant à l'autre argument, il se présente avec une tout autre valeur ; oui, la communauté doit être une société intime où l'actif comme le passif de chacun trouvent leur place, et que la femme doit pouvoir obliger comme le mari, si cela est nécessaire ou utile : or, il en serait nécessairement ainsi quand la justice aurait autorisé : ou bien, en effet, le mari aurait refusé à tort et il ne serait que juste de faire produire à l'acte de la femme toutes les conséquences dont il est susceptible, ou bien le mari serait absent et incapable et ne serait-il pas naturel alors que la femme le remplaçât entièrement jusqu'à engager les biens communs? Le contrôle de la justice ne serait-il pas une garantie suffisante?

Malgré toutes ces considérations qui militaient en faveur de la théorie de Loyseau, elle ne pouvait pas l'emporter entièrement. Tandis qu'en effet elle heurtait par trop les idées reçues sur la puissance maritale, sur l'incapacité de la femme, d'autre part elle était en contradiction formelle avec certains textes comme l'article 201 de la coutume d'Orléans.

Néanmoins, si elle ne triompha pas, la théorie de Loyseau ne fut pas sans avoir une influence assez considérable, et les critiques qu'il avait formulées contre le système classique étaient trop justes pour ne pas laisser de traces. La jurisprudence, justement à cause du caractère pratique de cette théorie, la consacra souvent du XVIe (1) au XVIIIe siècle, et

(1) Il paraît bien d'ailleurs que, si Loyseau fut l'inventeur de cette théorie en doctrine, les faits avaient contraint la jurisprudence à l'adopter antérieurement. Le Brun prétend en effet qu'il existait en ce sens un arrêt des grands jours de Troyes du 31 octobre 1583. Peut-être même pourrait-on trouver les premières traces de la théorie dans Coquille, qui, s'il s'est attaché à la doctrine classique dans son *Institution au droit Français* a déclaré

certains jurisconsultes, parmi les plus éminents, l'admirent partiellement. Le Brun paraît bien soutenir que dans certains cas le mari doit subir les effets d'une condamnation prononcée contre la femme autorisée de justice à son refus (1). Renusson inclinait également, au cas d'acceptation d'une succession, par la femme autorisée de justice, vers une opinion analogue (2).

Nous ne voudrions pas quitter ce sujet sans signaler une solution intermédiaire dont nous trouvons quelques traces dans certains ouvrages de pratique, solution qui consistait, lorsque le mari semblait se refuser frauduleusement à autoriser sa femme, à lui imposer d'accorder cette autorisation. Ainsi le mari était contraint par la justice à autoriser la femme et il se trouvait par suite engagé lui-même par l'acte accompli. Faute par le mari d'autoriser sa femme, toute audience était refusée à celle-ci (3).

dans ses *Commentaires sur la Coutume de Nivernais* (ch. XXIII, art. 1) qu'au cas de refus injustifié du mari, l'exécution pourrait être faite sur les biens communs à la demande du créancier.

(1) Le Brun, *op. cit.*, liv. II, ch. I, section VI.

(2) V. note 1, p. 72.

(3) Voir Lange, *La nouvelle pratique*, etc..., Xe édit., 1706, p. 338. Il fut ainsi jugé selon Lange par la Grande Chambre le 16 avril 1611. Lange suppose l'hypothèse où la femme poursuit un droit réel qu'elle avait avant son mariage : dans une semblable hypothèse,il ne peut refuser son autorisation,« car c'est un dol au mari de vouloir plaider sans risques et il profiterait des dépens, s'ils étaient adjugés à sa femme aussi bien que du principal,ce qui doit

Ce procédé de praticien, qui ne semble pas du reste avoir été fort usité, présentait certains avantages : il était assurément un moyen d'empêcher le mari de pousser sa femme à un procès dont il entendait tirer profit au besoin, sans jamais en subir les conséquences désavantageuses. Mais il risquait d'aller directement contre le but même de l'autorisation de justice : habiliter la femme quand le mari s'y refusait injustement. Là est sans doute la cause du peu de succès de cette solution.

En somme, sur ce point, l'ancien droit n'était pas parvenu à une solution satisfaisante. D'une part la théorie classique, de Loisel à Pothier, laissait une place trop large à des fraudes faciles. D'autre part la solution de Loyseau et Basnage était difficilement soutenable dans l'état du droit. Et elle semble d'ailleurs avoir perdu du terrain au cours du XVIIIe siècle.

avoir lieu à plus forte raison pour la poursuite d'un effet mobilier qui doit entrer en communauté. »

CHAPITRE III

SANCTION DU DÉFAUT DE L'AUTORISATION.

La sanction du défaut d'autorisation a été dans l'ancien droit l'une des parties les plus importantes de la théorie de la puissance maritale. Au premier abord il pourrait sans doute paraître que ce sujet déborde un peu du cadre de cette étude, puisque cette sanction s'appliquait aussi bien à l'autorisation du mari qu'à celle de la justice ; dans les deux cas elle est la même : la nullité de l'acte accompli par la femme. Et comme telle, elle semblerait plutôt à sa place dans une étude de la puissance maritale elle-même. En réalité, il y a de sérieuses raisons pour s'occuper de cette théorie des nullités en même temps que de l'autorisation de justice ; c'est déjà une raison suffisante que de rechercher la sanction de l'institution que l'on étudie, mais il y a plus : toute cette théorie des nullités en effet s'est constamment modifiée durant le cours de l'ancien droit : primitivement, sanction de la seule autorisation maritale, la nullité peut être invoquée par le mari seul ; plus tard, sanction en même temps de l'autorisation de justice, et notamment de l'autorisation supplétive, elle se modifie à ce contact ; les idées qui avaient conduit à l'autorisation supplétive pénètrent peu à peu la théorie des nullités, et l'autorisation de justice parvient ainsi à modifier la sanction même de l'autorisation du mari ; la nullité peut désormais être invoquée par la femme elle-même, et l'on arrive à accorder l'action en nullité à tout intéressé. Ces trois solutions sont la conséquence du système de l'autorisation judiciaire et cela nous semble justifier une étude approfondie de cette question.

Examinons donc successivement les trois opinions qui tour à tour ont triomphé dans notre ancien droit.

SECTION I

THÉORIE PRIMITIVE.

Nous avons déjà eu l'occasion de dire quelle était, dans notre droit du XIIIe siècle la sanction du défaut d'autorisation (1). Beaumanoir nous montrait comment le mari pouvait seul se prévaloir du défaut d'autorisation de la femme. Nous avons également noté combien cette solution était conforme à l'esprit du droit de l'époque, alors que l'autorisation maritale n'avait d'autre fondement que la puissance du mari et que l'on n'y cherchait pas un système de protec-

(1) V. p. 13.

tion pour la femme. Mais elle devait encore subsister dans notre droit bien après que l'antique conception de l'autorisation maritale s'était déjà modifiée. C'est en effet la solution que donne encore Guy Coquille (1): pour lui en effet l'acte accompli par la femme non autorisée n'est pas opposable au mari, mais la femme reste tenue de ses engagements. C'est bien l'ancienne tradition qui s'était conservée : on peut s'en convaincre en lisant comment Coquille justifie encore son opinion : « Toutefois il me semble..... que la nullité n'est pas précise mais causative, en tant qu'elle touche à l'intérêt du mari. Car la personne de la femme est libre, et si elle n'était mariée, et fût en âge compétent pour contracter, nul ne douterait qu'elle peut valablement contracter et s'obliger..... Si ce n'est en minorité ou en mariage, les femmes au fait des contrats sont en liberté comme les hommes. C'est donc la puissance du mari qui les empêche de contracter. Cette puissance n'est pas empêchement essentiel et en la même personne de la femme ; mais en dehors et par accident. La femme donc en soi est habile à contracter et l'accident qui l'empêche étant ôté, son obligation qui a pris source de sa volonté, en laquelle elle était libre, reprend sa vigueur qui était

(1) Guy Coquille, *Questions et réponses*. Question : C. Coquille demeura d'ailleurs toujours très ferme dans cette opinion qu'il développa presque dans les mêmes termes dans son *Institution* [*Droit des gens mariés*].

absorbée et couverte par la puissance de son mari. » Ces raisons que Coquille expose si nettement, nous les connaissons bien, ce sont les anciennes conceptions du droit coutumier telles que les formulait Beaumanoir. Pierre Pithou, dans son *Commentaire sur la Coutume de Troyes* (1), est du même sentiment. Il prend, il est vrai, comme Coquille luimême, la précaution de nous avertir que récemment une autre opinion s'est fait jour : s'il s'en tient à celle qu'il expose, c'est qu'elle a en sa faveur la tradition constante. C'est en effet dans ce sens que les premières coutumes avaient été rédigées (2) ; aucune n'accordait à la femme le droit de se prévaloir de la nullité. Plus tard l'on fut souvent obligé de modifier le texte de ces coutumes pour leur faire consacrer une théorie nouvelle.

SECTION II

THÉORIE DE DU MOULIN ET DE LA COUTUME DE PARIS (art. 223).

Quelle était la doctrine nouvelle dont Coquille et Pithou nous signalent l'apparition : comment se formulait-elle et quel en était l'inventeur ?

(1) Pierre Pithou, *Commentaire sur la Coutume de Troyes*, art. 139.

(2) Voir *Coutumes de Troyes* de 1506, *de Nivernais* de 1533, *de Péronne ancienne* de 1507, *de Bourbonnais* de 1521.

Cette théorie consistait à accorder non seulement au mari, mais encore à la femme et à ses héritiers, le droit de se prévaloir de la nullité de l'acte accompli sans autorisation : l'on était toujours en présence d'une nullité relative, réservée à quelques personnes, mais l'on élargissait le cercle de ces personnes.

Le premier jurisconsulte considérable qui ait formulé cette théorie, celui auquel nos anciens auteurs en attribuent l'honneur, c'est Du Moulin. En effet, dans son Commentaire sur l'article 114 de l'ancienne coutume de Paris, il avait eu soin de dire qu'une obligation contractée par la femme non autorisée, *prorsus non valet*, est entièrement nulle. Plus tard, dans ses *Notes Solennelles* sur cet article, il dit encore, au sujet de la même obligation, que la femme « n'en est tenue encore après le décès de son mari, sinon étant que le cas tomberait en délit ». Il ajoutait avec vivacité : « et si on a jugé autrement, c'est un abus ». En tous cas, c'était un abus fort ancien et traditionnel, puisqu'il en avait été ainsi jusqu'alors.

Quelles considérations décidèrent Du Moulin à se prononcer en ce sens ? Il n'entre à ce sujet dans aucune explication. Il dit simplement qu'il doit en être ainsi quand la coutume semble poser une prohibition formelle, *quando consuetudo intelligitur disponere ut vetat*. C'est donc des termes impératifs de la coutume qu'il croit pouvoir tirer sa théorie de la nullité. Mais il ne nous dit pas comment s'expliquent les termes de la coutume. Heureusement, il nous est possible d'aller plus avant dans sa pensée : en effet, dans une note sur l'article 225 de la nouvelle coutume de Poitou (1), qui justement avait admis cette solution, Du Moulin ajoute à la phrase interdisant à la femme de s'engager sans autorisation : *Etiam postquam erit vidua, nec in praejudicium heredum suorum ut etiam super hac re in novissima consuetudine docte lateque scripsit d. n. And. Tiraquellus* (2). Par là, Du Moulin nous indique qu'avant lui, Tiraqueau, dans ses *Leges connubiales*, avait déjà soutenu cette théorie. L'ouvrage de Tiraqueau était à cette époque fort célèbre, et son influence fut considérable, comme nous le verrons. Quoi d'étonnant dès lors que Du Moulin y ait puisé, non seulement la théorie qu'il donna, mais encore les raisons pour lesquelles le système reposait. Il ne fut pas le seul à s'en inspirer. C'est donc chez Tiraqueau que nous pouvons trouver formulées les considérations qui conduisaient à accorder l'action en nullité non

(1) Cette note sur l'article 225 de la coutume de Poitou ne figure pas dans les *Notae solemnes*. On le trouve dans le *Coutumier général* de Bourdot de Richebourg à l'article indiqué.

(2) Du Moulin semble dire dans ce passage que c'est sur la nouvelle coutume que Tiraqueau fit ce commentaire. Il n'en est rien, la nouvelle coutume de Poitou est de 1559, Tiraqueau était mort en 1558 et ses *Leges connubiales* datent de 1525.

seulement au mari mais aussi à sa femme et à ses héritiers.

La raison que Tiraqueau donne de sa solution est justement la même que Du Moulin indique sommairement, la forme impérative de la coutume. La coutume disant que la femme ne peut s'engager sans le consentement de son mari, toute obligation contractée dans de semblables conditions est absolument nulle : la femme n'a même pas pu de cette façon faire naître contre elle une obligation naturelle. « Car, dit Tiraqueau, la coutume, en disant que la femme ne peut contracter, ne fait rien d'autre que de lui enlever la faculté de contracter (1). » L'argument de droit repose donc uniquement chez Tiraqueau comme chez Du Moulin sur la forme de la coutume interprétée selon les préceptes des romanistes.

Mais en admettant que cette interprétation littérale soit légitime, comment justifier une semblable solution ? Jusqu'alors n'avait-on pas cru que, l'autorisation étant établie uniquement en considération de la puissance maritale, le seul mari pouvait exercer l'action en nullité ? Cette justification n'embarrassa nullement Tiraqueau : il avait à sa disposition une érudition suffisante pour justifier toute proposition à une époque où un texte classique ou sacré l'emportait sur les meilleures raisons du

(1) Tiraquellus, *ad Leges Connubiales Com.*, glose IV, n° 12.

monde; et de la Bible à Aristote les arguments ne lui font pas défaut. Si l'on veut comprendre la solution qu'il donne il faut se reporter au début de son ouvrage, où il recherche le fondement de la puissance maritale, telle que l'établissent les coutumes de France. Pour résumer sa doctrine, la femme est selon lui une incapable qu'il faut protéger et d'autre part un être dangereux qu'il faut subordonner sévèrement à l'homme. Cela résulte pour lui suffisamment de la Bible des Pères de l'Église, de la philosophie grecque, du droit romain et du droit canon (1). L'incapacité de la femme devient ainsi une règle nécessaire de toute société ; elle y est d'ordre public en quelque sorte : il en résulte que la nullité d'un acte fait par elle sans autorisation est également d'ordre public : elle doit donc être absolue. Par là s'explique la disposition impérative de la coutume. Voilà la pensée de Tiraqueau, mais elle est enveloppée chez lui d'un tel appareil de citations quelle en est forcément obscurcie, et que l'auteur est obligé de déclarer lui-même : « *Vides rem hanc esse valde tenebrosam et cimmeriis tenebris atrio-*

(1) Dans la Bible, il s'appuie sur le passage toujours cité de la Genèse (ch. III, 16) ; dans S. Paul sur la première épître aux Corinthiens ; à Aristote, il emprunte cet argument que dans tout le règne animal, les mâles dominent les femelles. Le droit romain lui fournit des considérations tirées de la tutelle des femmes, le droit canon les considérations déjà relevées plus haut et tirées de la Bible, de S. Paul et de Tertullien.

rem ». Et ce n'est pas lui qui a contribué à éclaircir le problème. Mais il aura des disciples qui dégageront plus nettement sa pensée et qui iront jusqu'au bout des conséquences qu'elle implique.

Pour lui il ne se pique pas de cette logique et après avoir ainsi construit une théorie qui considérant l'acte accompli par la femme non autorisée comme absolument nul devrait accorder l'action en nullité à tout intéressé, il détruit brusquement tout ce système par son désir de suivre les règles de la législation romaine sur les mineurs et de les appliquer intégralement à la femme mariée. Se demandant en effet si un contrat avantageux passé par une femme non autorisée pourrait être considéré comme valable, il admet l'affirmative, prétendant que la nullité établie en faveur de la femme ne saurait se retourner contre elle, et qu'il lui est donc loisible de faire sa condition meilleure (1). Il y avait dans cette solution une véritable contradiction avec la théorie générale admise par Tiraqueau : cette contradiction devait donc être relevée plus tard.

Telle qu'elle était, c'est cette théorie de Tiraqueau, à la fois illogique et contraire à l'ancienne tradition coutumière, que Du Moulin admit dans ses *Commentaires sur l'ancienne coutume de Paris*, et plus tard dans ses *Notes solennelles*. Mais l'entendait-il exac-

(1) Tiraquellus, *op. cit.*, glose VIII, n° 57.

tement comme Tiraqueau lui-même? C'est ce sur quoi il néglige de s'expliquer nettement. Peut-être n'eût-il pas admis avec Tiraqueau toutes les considérations que celui-ci fait valoir. Mais assurément il admet son argument de texte fondé sur les termes impératifs de la coutume, et certainement il n'admet pas plus que Tiraqueau que la nullité de l'acte puisse se retourner contre la femme. Cela ressort des termes qu'il emploie et il paraît assez clairement que c'est une nullité relative qui prévalait dans son esprit (1). Son innovation sur l'ancien droit consista donc à accorder l'action à la femme et à ses héritiers. Et c'est en tous cas dans ce sens que la théorie devait triompher durant un temps.

L'opinion de Du Moulin obtint en effet un succès considérable. De son vivant même elle semble, sauf chez quelques jurisconsultes très attachés à la tradition comme Guy Coquille, avoir été l'opinion dominante. L'influence en fut surtout sensible dans la rédaction et la révision des coutumes accomplies vers le milieu du XVIe siècle. Le président de Thou qui dirigea cette révision dans la plupart des cas, eut soin de faire insérer dans les coutumes nouvelles le membre de phrase « soit au préjudice d'elle ou de

(1) Voir les termes de sa note sur l'article 225 de la coutume de Poitou : « Etiam postquam erit vidua, nec in præjudicium heredum suorum ». Il n'accorde donc en dehors du mari et de la femme l'action qu'aux seuls héritiers de la femme.

son dit mary » par lequel la théorie de Du Moulin entrait dans le corps même de la coutume. Il en fut ainsi pour toutes les révisions et les rédactions de coutumes voisines de Paris, celles d'Etampes (1556), Dourdan (1558), Montfort l'Amaury (1556), Mantes, Melun, Grand-Perche, etc... (1). La théorie triompha définitivement dans l'article 223 de la nouvelle coutume de Paris.

Comment expliquer la fortune singulièrement rapide d'une théorie juridique, qui était aussi peu conforme à l'ancien esprit des coutumes ? A notre avis, ce succès eut deux causes principales : d'abord la conformité de la théorie de Du Moulin avec les théories dominantes alors sur la femme et sur sa situation en droit (2), et en second lieu les avanta-

(1) *Etampes*, art. 92, *Dourdan*, a. 80, *Montfort l'Amaury*, a. 131, *Melun*, a. 213, *Grand-Perche*, a. 109. Pour la coutume de *Mante* et *Meullant*, la transformation est plus intéressante ; l'article 2 du titre X de l'ancienne coutume interdisait conformément à l'ancienne doctrine à la femme de rien faire au préjudice de son mari. La réforme de de Thou modifia la phrase ainsi : « Soit au préjudice d'elle ou de son mari » et la théorie nouvelle se trouva consacrée. V. également l'article 225 de la nouvelle *coutume de Poitou*, réformée en 1559, aussi sous de Thou. Il y avait là une véritable innovation législative qui se marque nettement dans le procès-verbal de la réformation de la coutume de Poitou où il est dit que la modification introduite par l'article 225 est faite « pour avoir lieu à l'avenir et sans préjudice du passé ».

(2) Voir à ce sujet le passage du « *Songe du Verger* » (Livre I, ch. 97) cité par Gide, *op. cit.*, p. 461.

ges incontestables que cette théorie pouvait présenter dans la pratique. C'est ce qu'il nous faut voir rapidement.

Et tout d'abord que la théorie de Du Moulin ait été conforme aux opinions généralement reçues à cette époque sur la situation de la femme, c'est un fait qui est suffisamment prouvé par l'origine même de cette théorie : Du Moulin l'avait tirée de l'ouvrage de Tiraqueau qui peut en quelque sorte être considéré comme la « somme » des conceptions juridiques du temps sur ce point. De plus en plus, avec le développement des études de droit romain, l'idée de l'incapacité de la femme s'introduisait dans notre droit : les expressions d'*imbecillitas sexus* et de *levitas animi* reviennent constamment sous la plume des jurisconsultes, et le mépris des anciens pour la femme semblait revivre dans l'esprit des romanistes. Cette tendance à vrai dire n'était pas nouvelle au temps de Du Moulin et nous avons déjà signalé l'influence considérable qu'elle avait eu bien antérieurement sur la formation de la théorie de l'autorisation supplétive. Peut-être même pourrait-on trouver dès le commencement du XIVe siècle certaines tendances à admettre un système de nullités semblable à celui de Du Moulin (1). Mais jamais on n'avait été

(1) Il y a, en effet, une décision de Jean des Mares (la décision 289) où il est dit : « La femme mariée ne puet accors, contraulx, obligacions, ne autre chouse quelqueconque, *au préiudice*

aussi loin en ce sens qu'au XVIe siècle :) les deux courants d'influences romaine et canonique se rencontrent et se renforcent mutuellement. Et l'ouvrage de Tiraqueau fut en quelque sorte l'arsenal où, pendant deux siècles, on allait puiser des arguments contre la capacité de la femme : la théorie de Du Moulin procède de ces conceptions si répandues ; elle semble les adopter entièrement, car, en donnant à la femme elle-même le droit d'attaquer l'acte qu'elle a accompli sans autorisation, elle paraît bien protéger celle que tous considéraient alors comme une incapable. L'autorisation est ainsi envisagée comme une sorte de complément au sénatus-consulte Velléien, que l'on tendait justement à faire pénétrer dans les pays de coutume. Les deux institutions réunies forment une véritable législation tutélaire de la femme. Et ceci est une première cause du succès de la théorie de Du Moulin.

Mais elle avait en outre pour elle d'avoir une valeur intrinsèque qui pouvait lui assurer une influence plus durable que sa conformité avec les opinions d'une époque donnée. En accordant à la femme le droit d'attaquer elle-même les engagements qu'elle prend sans l'autorisation de son mari ou de la justice, non seulement on protège la femme, ce qui est

d'elle ne de son mary, etc... » C'est justement là la formule que la théorie de Du Moulin revêtit dans les Coutumes, mais Jean des Mares l'entendait-il de même façon ?

peut-être inutile, mais encore on donne une sanction plus efficace à la nécessité de l'autorisation qui sans cela risquerait en partie de rester lettre morte. Si, en effet, la femme ne pouvait elle-même intenter l'action en nullité, ne pourrait-elle pas durant le mariage, contracter des obligations dont elle retarderait l'exécution jusqu'à la dissolution du mariage, obligations qui n'en seraient généralement que plus onéreuses? Et n'y aurait-il pas là une atteinte directe à la puissance maritale? Sans doute les conséquences pécuniaires de semblables actes ne pourraient retomber ni sur les biens du mari, ni sur les biens communs; mais l'autorité du mari n'en serait-elle pas moins ébranlée; n'y aurait-il pas eu, en quelque sorte, division dans le ménage et cette unité de direction qui est la raison d'être de la puissance maritale ne serait-elle pas entièrement détruite? Ces considérations suffisent rationnellement à justifier la théorie de Du Moulin, et cela même dans une législation qui n'admet pas le principe de l'incapacité de la femme (1), quoique, en fait et historiquement,

(1) Ce n'est pas à dire du reste que Du Moulin se soit le moins du monde fondé sur ces arguments. Il semble, comme nous l'avons vu, être parti uniquement de cette remarque que les termes de la Coutume interdisaient formellement à la femme d'agir sans autorisation. Et cette coutume lui semblait sans doute comme à Tiraqueau suffisamment justifiée par le besoin de protéger et de subordonner la femme.

ce soit cette idée d'incapacité qui ait été la cause de cette solution.

SECTION III

SYSTÈME DE LA NULLITÉ ABSOLUE ET DROIT COMMUN COUTUMIER.

Raisonnable à ce point de vue, la théorie de Du Moulin ne devait néanmoins pas avoir le dernier mot dans l'ancien droit. Elle devait faire place au XVIIe et au XVIIIe siècles à une doctrine qui reposait au fond sur les mêmes idées, mais qui les poussant jusqu'à leurs dernières conséquences conduisait à proclamer que l'acte accompli par une femme non autorisée était nul d'une nullité absolue, invocable par tout intéressé. — Comme on le voit, ce système différait profondément de celui qui avait été consacré dans la seconde rédaction de la coutume de Paris et davantage encore de l'ancienne doctrine traditionnelle que Guy Coquille défendait à la fin du XVIe siècle, un peu avant cette réformation.

Comment en vint-on à cette conception ? Si l'on veut s'en rendre compte il faut étudier d'un peu près les auteurs qui ont contribué à développer cette nouvelle façon de voir, et parmi eux prenons par exemple Bouhier qui est un des plus considérables (1).

(1) Le Président Bouhier, *Commentaire sur la Coutume du Duché*

Pour trouver la solution de la question, Bouhier est obligé, comme l'avaient été avant lui Guy Coquille, Tiraqueau et les autres, de rechercher les raisons d'être et le fondement de l'autorisation maritale. Il passe en revue les différents systèmes qui ont été proposés et il n'en trouve aucun qui le satisfasse entièrement. Il se demande d'abord si la nullité née du défaut d'autorisation peut être une simple nullité relative, ou, comme l'on disait alors « respective » ou « causative » : dans ce cas l'action en nullité n'appartiendrait qu'à la personne ou aux personnes en faveur de qui l'autorisation maritale était établie. Et tout d'abord l'était-elle uniquement en faveur de la femme ainsi que certains le soutenaient ? Bouhier ne le pense pas, à juste titre, et cela pour plusieurs raisons : s'il n'y avait en jeu que l'intérêt de la femme, celle-ci ne pourrait-elle pas renoncer au bénéfice de l'autorisation comme elle renonçait à celui du sénatus-consulte Velléien ? Or cela était impossible. D'autre part si l'on admettait cette hypothèse la coutume ne devrait-elle pas considérer également comme incapables les filles et les veuves, ce qu'elle ne fait pas ? Enfin ne serait-il pas absurde dans un pareil système de permettre au mari mineur d'autoriser sa femme majeure ? Or cela se faisait jour-

de Bourgogne, chapitre XIX. Voir également dans le même sens avec une grande abondance d'arguments. Dunod, *Observations sur la coutume du Comté de Bourgogne*.

nellement et était pour ainsi dire de droit commun coutumier. N'est-ce pas alors dans l'intérêt du mari lui-même que son autorisation est exigée? Nullement selon Bouhier, car comment expliquer ainsi que par exemple, dans la coutume de Bourgogne, la femme ne puisse tester sans l'autorisation du mari, alors que le testament ne pourra avoir d'effet qu'après la dissolution du mariage? La raison d'être n'est pas davantage, selon Bouhier, l'intérêt du mari et celui de la femme combinés, comme semblait le faire croire l'article 223 de la coutume de Paris. Il reste donc que l'on est en présence d'une nullité qui n'est établie particulièrement en faveur d'aucune personne. Ce n'est pas une nullité « causative », c'est une nullité absolue.

Mais il ne faut pas dire avec Tiraqueau que c'est là une conséquence des termes impératifs de la coutume, attendu qu'une telle rédaction n'implique pas nécessairement la nullité de l'acte. Quelle est donc alors la raison d'être de cette nullité absolue? C'est, selon Bouhier, une considération d'ordre public, et voici comment. Pour lui la coutume en interdisant à la femme mariée d'agir en justice et de contracter sans l'autorisation de son mari a voulu par là l'empêcher de se départir de la réserve et de la modestie qui conviennent à son sexe ; les femmes ne doivent en rien se mêler à la vie publique où elles entreraient forcément dans une certaine mesure en plaidant ou en contractant. Elles ont leur rôle à jouer dans le ménage et dans la maison ; à l'extérieur et à l'égard des tiers elles ne peuvent rien que par l'intermédiaire de leur mari ou avec son assistance. Voilà l'idée de Bouhier : bien entendu il l'appuie de force citations tirées du droit romain ou du droit canonique. Après lui Dunod reprit toute cette théorie et l'exposa avec plus d'ampleur encore. Mais où Bouhier avait-il trouvé le fondement de son système ? Sur ce point il ne peut y avoir aucun doute : il répond lui-même en renvoyant le lecteur pour chacun de ses arguments à l'ouvrage de Tiraqueau. C'est chez ce jurisconsulte que lui aussi, comme Du Moulin, a trouvé les assises de son système. Au reste, et nous l'avons déjà vu, les considérations que Bouhier, et surtout après lui Dunod, font valoir à l'appui de leur système, figurent parmi celles que Tiraqueau donnait comme fondements de la puissance maritale, et nous savons que c'est par elles que Tiraqueau justifiait les termes impératifs de la coutume et la nullité absolue qu'il croyait pouvoir en induire. Mais Tiraqueau n'avait pas été conséquent avec lui-même : tout en admettant que la nullité résultant du défaut d'autorisation était absolue, il ne pensait pas qu'elle pût jamais se retourner contre la femme, et il en venait ainsi à lui faire jouer le rôle d'une simple nullité relative. Il y avait là une contradiction formelle dans ce système, contradiction qui avait engendré la solution de Du Moulin. Bouhier la relève vivement et la reproche à Tiraqueau, et il est bien certain que du moment qu'il admettait les prémisses de Tiraqueau et qu'il s'apercevait de la contradiction où celui-ci était tombé, il ne pouvait faire autrement que de pousser jusqu'au bout la théorie de la nullité absolue. Il n'a fait en somme que purger la théorie de Tiraqueau d'un vice de raisonnement qui en détruisait l'harmonie. Et il est intéressant de remarquer que c'est de la même source que découlent les deux doctrines contraires de Du Moulin et de Bouhier, celle de la coutume de Paris, et celle qui devait être le droit commun coutumier.

Ce qui est également intéressant à signaler, c'est le rôle que l'autorisation judiciaire put jouer dans cette transformation : nous avons déjà fait cette remarque que les idées sur lesquelles reposait l'autorisation supplétive furent justement celles qui conduisirent au système de Du Moulin, que la théorie de l'autorisation supplétive et celle des nullités se complétaient l'une par l'autre, et que l'histoire de la première éclairait l'histoire de la seconde. Mais il y a plus et le rôle joué par l'autorisation de justice, la forme solennelle qu'elle impliquait, tout en elle semblait consacrer cette idée qu'elle était un moyen de relever la femme d'une situation inférieure où la loi la plaçait. Dès lors, en effet, que se fut définitivement établi l'usage d'exiger toujours que la femme trouvât quelque part une autorité supérieure pour la guider, l'on perdit entièrement de vue que l'autorisation n'était que la conséquence de la puissance du mari. L'on fut ainsi amené peu à peu à chercher les raisons d'être de cette incapacité dans la situation et dans le rôle social de la femme. L'on ne se contenta même plus de l'idée de faiblesse, qui avait suffi à étayer tout le système de l'autorisation supplétive et l'on imagina les considérations d'ordre public que font valoir Bouhier et Dunod. Les idées avaient donc maintenant entièrement dévié ; une première déviation avait produit l'autorisation supplétive, et le système des nullités de Du Moulin, qui vinrent à leur tour contribuer à une seconde déviation d'où sortit la nullité absolue.

Est-il besoin de faire la critique de ce système, qui fut plus une construction doctrinale qu'une transformation du droit créée par des besoins pratiques. Théoriquement, il méconnaît assurément le fondement historique de la puissance maritale et il la justifie par des arguments sans valeur : peut-on raisonnablement soutenir que l'ordre public est intéressé à ne pas supporter que les femmes mariées plaident ou contractent ? et peut-on prétendre qu'il y a là une infraction à la loi dont les tiers eux-mêmes pourraient se prévaloir ? N'est-il pas manifeste, au contraire, que c'est dans l'intérêt du ménage, de la communauté que la femme est soumise à l'autorisation ?

Pratiquement, ce système du moins présentait-il quelque avantage ? Nullement : en permettant aux tiers de se prévaloir de la nullité, il retournait directement contre la femme et contre le ménage une mesure légale qui semblait bien plutôt établie tout en leur faveur. C'est ce qu'avaient du reste bien senti les jurisconsultes qui, avec Tiraqueau, tout en admettant l'idée de la nullité absolue, ne voulaient pas qu'elle se retournât contre la femme : cette conséquence inadmissible de leur système qu'ils étaient obligés de rejeter, aurait dû les éclairer sur la valeur du principe général qu'ils entendaient consacrer.

Malgré son exagération évidente et la fausseté des idées sur lesquelles elle reposait, la théorie de Bouhier devait à la fin de l'ancien droit remporter le plus grand succès. Non seulement elle triompha auprès des jurisconsultes, mais elle eut encore l'avantage d'être au moins une fois consacrée législativement.

L'on peut en effet dire que d'une façon générale et sauf de rares exceptions, le système de Bouhier fut celui de tous les jurisconsultes éminents du XVIIIe siècle. Pothier, qui devait donner leur forme définitive aux exceptions juridiques de l'ancienne France, n'enseigne pas d'autre théorie : il passe même tout à fait sous silence la solution de l'article 223 de la coutume de Paris. Il tire du reste très logiquement les conséquences de son système, et n'admet pas par exemple que l'on permette à la femme de se prévaloir des actes avantageux qu'elle a pu passer sans autorisation (1). Et c'est dans le sens qu'indique Pothier que l'on interprétait la généralité des coutumes : la nullité absolue était de droit commun au milieu du XVIIIe siècle. C'était si bien là la tendance des esprits que certains auteurs s'efforçaient d'entendre l'article 223 de la coutume de Paris comme consacrant lui aussi le système de la nullité absolue. Renusson soutient cette opinion dans son *Traité de la communauté* ; ce n'est pas en effet par suite d'une terminologie vicieuse qu'il qualifie d'absolue la nullité prononcée par l'article 223 ; il admet en effet les conséquences de cette idée : par exemple il ne permet pas au mari de ratifier l'obligation contractée par la femme non autorisée et il semble même décider que le tiers qui a traité avec elle peut aussi se prévaloir du défaut d'autorisation. Il tire en ce sens un argument de l'ordonnance de 1731 dont nous allons avoir à reparler. Mais à vrai dire cette interprétation de la coutume de Paris ne pouvait guère se soutenir, surtout en présence d'une tradi-

(1) Pothier, *Traité de la puissance du mari* etc..., section I, p. I. Pothier du reste ne reproduit nullement les considérations de Bouhier et de Dunod. Il ne va pas au fond des choses et se contente pour justifier sa théorie de s'appuyer sur les termes impératifs de la coutume. Il y a même ceci de particulier dans son cas, c'est qu'à l'autorisation il ne voit pas d'autre raison que la puissance maritale. Pourquoi dès lors la coutume ne donne-t-elle pas au mari seul le droit de se plaindre du défaut d'autorisation ? C'est ce que Pothier n'explique pas.

tion constante en sens contraire, et les commentateurs de cette coutume furent généralement d'un avis tout à fait différent. Le Brun (1) consacrait entièrement le système de Du Moulin et Bourjon s'en tient à la même solution. Même il tente de faire passer cette théorie dans le droit commun coutumier; il est vrai que, pour le faire, il s'appuie sur une assimilation aussi fréquente que fausse entre la femme mariée française et le mineur romain ; celui-ci pouvait faire sa condition meilleure, la femme le peut également, et les tiers ne peuvent se prévaloir contre elle de la nullité de l'acte (2). Cette confusion entre l'autorité maritale et l'*auctoritas tutoris* fut du reste combattue très vivement par Pothier (3) et la tentative de Bourjon échoua complètement. Mais si la nullité relative ne put devenir le système du droit commun, du moins elle resta celui de la coutume de Paris, où les termes de l'article 223 suffisaient à le garantir de toute altération.

Entre temps le système de la nullité absolue avait reçu une consécration importante dans l'ordonnance de 1731 sur les donations. L'article 9 en effet décidait que la femme ne pourrait jamais accepter une donation sans l'autorisation de son mari. Une

(1) Le Brun, *loc. cit.*, section V.

(2) Bourjon, *loc. cit.*, section IV. Bourjon revenait ainsi au système de Tiraqueau.

(3) Pothier, *Traité de la puissance du mari*, au passage précédemment cité, section I, p. I.

femme qui eût accepté une donation dans de semblables conditions eût fait un acte absolument nul. Cet article fut un argument d'une grande force pour ceux qui soutenaient en droit commun le système de la nullité absolue, et nous avons vu que Renusson s'était même appuyé sur ce texte pour soutenir cette interprétation de l'article 223 de la coutume de Paris. En réalité cette consécration législative fut la seule du genre que reçut la théorie de la nullité absolue ; encore même n'est-il pas certain que c'est dans ce sens que l'on eût dû interpréter l'article 9 de l'ordonnance de 1731.

Telle fut l'histoire de la sanction du défaut d'autorisation dans l'ancien droit ; comme les autres théories que nous avons déjà pu étudier, celle-ci accuse dans son développement une transformation et même une déviation très sensible des idées directrices de l'institution : conforme encore à la vieille tradition avec Guy Coquille et ne voyant avec l'autorisation que la conséquence de la puissance maritale, elle accorde au seul mari l'action en nullité. Déjà cette antique conception est abandonnée en partie dans le système de Du Moulin où se manifestait la préoccupation nouvelle de protéger la femme pour elle-même. Presque rien enfin de la coutume primitive ne semble subsister dans le dernier système, celui de Bouhier, tant depuis le XIIIe siècle l'autorisation maritale avait subi de transformations avant d'en arriver là.

Nul chapitre peut-être de l'histoire de l'autorité maritale n'éclaire mieux les solutions que nous rencontrerons dans le Code civil et n'explique mieux les contradictions que l'on peut y relever sur le fondement de la puissance maritale.

CHAPITRE IV

DU ROLE DE L'AUTORISATION DE JUSTICE AU CAS DE SÉPARATION DE BIENS.

SECTION I

EFFETS DE LA SÉPARATION DANS L'ANCIEN DROIT COUTUMIER.

Avec le temps la séparation de biens avait plus intimement pénétré dans notre droit : contemporaine à peu près de l'autorisation de justice, comme elle, elle avait pris de plus en plus d'importance. Comment les deux institutions allaient-elles se combiner dans le droit développé ? Tout dépendait des effets que l'on allait attacher à la séparation dans ses rapports avec l'autorisation maritale. Si elle mettait fin à cette dernière, assurément aucun rôle ne restait à l'autorisation de justice, à moins que l'on imaginât de la substituer à celle du mari comme système de protection ; mais c'eût presque été mettre la femme en tutelle. Si au contraire l'autorisation maritale subsistait malgré la séparation, l'autorisation de justice semblait du même coup toute désignée pour jouer un rôle très légitime. Au cas de séparation en effet, les intérêts des époux se trouvaient divisés : il n'y avait plus entre eux cette communauté de biens que notre vieux droit considérait comme la conséquence nécessaire et naturelle de la communauté de vie. Généralement dans ce cas le mari avait eu des torts envers la femme, il avait dissipé son patrimoine, et, qui plus est, la séparation de biens pouvait n'être que la suite d'une séparation de corps accusant les plus graves mésintelligences entre les époux. N'y avait-il pas à craindre désormais que le mari ne se fît un jeu de refuser systématiquement à la femme une autorisation nécessaire, ou ne la lui accordât que moyennant finances ? Tout était à craindre. A cela, l'autorisation de justice était un remède tout trouvé et sur ce point l'intervention du juge n'avait rien que de légitime.

Mais d'autre part, il ne fallait pas songer, si l'on adoptait ce système, à soumettre la femme à l'autorisation au cas d'absence ou d'interdiction du mari, sous peine de pousser jusqu'au bout les principes déraisonnables sur lesquels reposait l'autorisation supplétive, sous peine de déclarer expressément la femme incapable par nature de veiller à ses intérêts et de gérer son patrimoine.

Tel était le problème, voyons maintenant comment il fut résolu.

Nous avons déjà vu quelle avait été la solution primitive, celle qui s'était imposée aux esprits au moment même où apparaissait dans notre droit la séparation de biens (1). A cette époque une femme séparée de biens se trouvait par là même entièrement libérée de la nécessité de l'autorisation maritale, et il n'était pas question de remplacer pour elle l'autorisation du mari par l'autorisation de la justice. Nous avons également vu que cette solution était la conséquence nécessaire des rapports qui existaient entre l'autorisation maritale et la communauté, rapports si intimes, que l'une supprimée, l'autre paraissait ne plus avoir de raison d'être. — Tel fut sans aucun doute sur ce point le premier droit commun de la France coutumière, tant les vestiges qu'il a laissés sont visibles sur toutes les parties du territoire (2). — Mais ce qui était le droit commun au XIVe siècle, ne nous apparaît plus que comme une rare exception au XVIIIe. Voyons donc quand et comment s'opéra cette transformation et en quoi elle consista.

(1) Voir plus haut. p. 21 et suiv.

(2) C'était encore la règle à la fin de l'ancien régime dans les coutumes de *Montargis*, de *Dunois*, de *Flandre*, et avec certaines particularités dans celle de *Normandie*. — Remarquons également que Pothier nous apprend qu'il en était ainsi dans la *coutume d'Orléans* (a. 171) avant la révision (*Traité de la puissance du mari*, sect. II, a. I, p. 1). — La rédaction de l'article 224 de la coutume de Paris semble bien se rapporter également à cet ancien état du droit.

SECTION II

LA THÉORIE NOUVELLE ET LE RÔLE DE L'AUTORISATION.

C'est durant le courant du XVIe siècle qu'une théorie nouvelle qui devait triompher plus tard commença à se faire jour. Mais à vrai dire, elle n'apparaît guère ni dans les ouvrages des jurisconsultes, ni dans les coutumes rédigées. Les jurisconsultes semblent bien s'en tenir tous à l'opinion traditionnelle, au moins jusque dans les premières années du XVIIe siècle. Du Moulin dans son Commentaire sur l'article 232 de la Coutume du Bourbonnais déclare formellement que la femme séparée de biens est désormais entièrement libérée de la puissance du mari (1). Elle peut donc à son gré administrer sa fortune, aliéner ses immeubles, agir en justice et contracter de toute façon. Guy Coquille quoiqu'il ne s'explique pas d'une manière détaillée paraît bien également de cet avis, et en tous cas ne laisse pas voir qu'il pourrait admettre une solution différente (2). Plus tard, Chopin se range encore à cette opinion (3). Quant aux articles des

(1) Du Moulin, *Notae solemnes*, a. 232. *Bourbonnais*, « Ergo simplex separatio bonorum reddit mulierem separatam a potestate viri : ideo si est minor dandus ei curator, etc... »

(2) Pour Coquille, voir *Commentaire sur la coutume du Nivernais, Droit des gens mariés*, a. I.

(3) Loisel, *Inst. coutumières*, liv. I, t. II, n° 24, dit que Chopin en

coutumes rédigés le plus souvent dans une forme assez semblable à celle des articles 224 et 234 de la Coutume de Paris, ils affranchissent tous formellement la femme séparée de biens de l'autorisation maritale. Quelques coutumes comme celle de Montargis (ch. VIII, a. 6) ont soin d'en conclure que la femme peut désormais aliéner ses biens comme elle l'entend : mais elles ne font là que tirer les conséquences de la règle générale admise partout ; et le temps n'était pas encore venu où on devait les regarder comme des coutumes d'exception.

C'est dans la jurisprudence que nous trouvons les premières traces d'une solution différente. Louet et Pothier (1) nous rapportent en effet qu'en 1586 le Parlement de Paris jugea qu'une constitution de rente faite par une femme séparée de biens sans l'autorisation du mari devait être considérée comme nulle et non avenue. Un autre arrêt dans le même sens fut rendu en 1605. Et dès lors la jurisprudence était définitivement fixée, et la doctrine la suivit rapidement. Déjà les *Maximes* de Pierre de l'Hommeau qui sont de peu postérieures au second arrêt

1623 fit juger le contraire de l'opinion de Du Moulin. Peut-être lui arriva-t-il d'adopter cette thèse comme avocat, et pour le besoin de sa cause ; mais dans son *Commentaire sur la Coutume de Paris*, il se rangea à l'avis de Du Moulin sans même indiquer que telle n'était pas l'opinion unanime (V. liv. II, t. I, p. 15).

(1) Pothier, *Traité de la puissance du mari*, section II, a. I. Louet, *Arrêts*, lettre F, n

donnent la théorie nouvelle comme une règle générale du droit français (1), et désormais elle est généralement admise et ne fera que se préciser dans tout le cours de l'ancien droit.

En quoi consistait exactement le système inauguré par la jurisprudence du Parlement de Paris, qui obtint un si rapide succès ? Il consistait d'une façon générale à ne plus considérer la femme séparée de biens comme entièrement soustraite à l'autorisation maritale et à la soumettre pour certains actes à cette formalité. La femme séparée continue à administrer librement ses biens, mais on ne lui permet pas d'en disposer : toute la théorie repose donc sur la distinction des actes de disposition et des actes d'administration, ceux-ci demeurant régis par l'ancienne règle, ceux-là dorénavant soumis à l'autorisation. Quant aux actions en justice il en résultait que la femme pouvait intenter celles qui ne concernaient que l'administration de ses biens et y défendre en toute liberté. Dans les autres cas il lui fallait l'autorisation. Et voici comment l'on tentait de justifier cette thèse : l'autorisation du mari, disait-on, n'est que la conséquence de la puissance maritale, qui dure autant que le mariage. Or la séparation de

(1) Pierre de l'Hommeau, *Maximes générales du droit français*, III, 138. « Femme séparée d'avec son mari ne peut vendre ni s'obliger sans l'autorité de son dit mari, mais peut disposer de ses meubles et fruits de ses héritages ».

biens laisse subsister le mariage avec la puissance maritale et à la suite l'autorisation. Tout ce que la séparation de biens peut faire c'est de permettre à la femme d'accomplir librement les actes nécessaires à l'administration de ses biens, mais non davantage. La séparation, disait-on dans une formule que l'on trouve désormais sous la plume de tous les jurisconsultes, produit à l'égard de la femme exactement les mêmes effets que l'émancipation à l'égard du mineur : la femme séparée a donc exactement les mêmes droits que le mineur émancipé (1).

Comment put-on admettre cette théorie ; sur quelles idées reposait-elle, comment cadrait-elle avec l'ensemble de notre droit, c'est ce dont nous pouvons aisément nous rendre compte par ce que nous avons déjà vu de l'histoire de l'autorisation.

Au fond, cette thèse peut se ramener à deux propositions qu'il faut étudier séparément : la première consistant à dire que la séparation laissant subsister

(1) Pour toute cette justification de la théorie, voir Pothier, *op. cit.*, section II, article 1. « Le besoin qu'a une femme de l'autorisation de son mari pour les contrats et autres actes qui se présentent dans le commerce de la société civile ayant son fondement dans la puissance que le mari a sur sa femme comme nous l'avons vu en la section précédente et non sur la communauté de biens en laquelle elle est avec son mari, on doit en conclure qu'une femme, quoique séparée de biens, soit par son contrat de mariage, soit par une sentence de séparation intervenue depuis le mariage, ne laisse pas d'avoir besoin de l'autorisation de son mari pour les actes qu'elle fait, sauf pour ceux qui ne concerneraient que la simple administration de ses biens. »

la puissance du mari devait également respecter l'autorisation ; l'autre assimilant la séparation de biens pour la femme à l'émancipation pour le mineur. — Logiquement la première proposition peut être exacte ; la puissance maritale subsistant malgré la séparation de biens, il est naturel que l'autorisation qui n'en est qu'une face, subsiste également (1). Mais le défaut de cette thèse était de méconnaître entièrement le développement historique de l'autorisation : sans doute celle-ci n'est qu'un aspect de la puissance maritale, et comme telle ne saurait disparaître là où cette puissance subsiste ; mais il ne faut pas perdre de vue, ce que justement l'on oubliait, à savoir que l'autorisation maritale avait apparu dans un droit qui ne connaissait d'autre régime des biens entre époux que la communauté, et qu'à vrai dire jamais elle ne pourrait s'adapter parfaitement à un autre régime. Et aussi bien ce qu'il y a d'inexact dans cette théorie se montre clairement, car si on

(1) Encore faut-il observer que ce raisonnement ne paraissait pas sans réplique à tous les jurisconsultes. Certains, faisant une distinction dans la puissance maritale entre la puissance naturelle et la puissance civile, disaient que cette dernière n'était qu'une conséquence du contrat de mariage et ne se produisait pas quand il n'y avait pas de communauté de biens (V. *Commentaire de la coutume de Montargis*, par l'Hoste. Paris, 1771, ch. VIII, a. 6).

Si ce point de vue avait été adopté, il eût présenté cet avantage d'éviter de soumettre les actes de la femme à un mari qui justement s'était montré un mauvais administrateur, au cas où la séparation avait été judiciaire et fondée sur l'incapacité du mari, conséquence étrange de la doctrine généralement admise.

l'avait poussée jusqu'au bout, elle aurait conduit à décider que la femme séparée, comme la femme commune, aurait toujours eu besoin de l'autorisation de son mari, même pour la simple administration de ses biens.

Mais on n'alla pas jusque-là : on s'occupa seulement de déterminer exactement les droits de la femme séparée. Et ici nous abordons la seconde proposition de la théorie qui est assurément la plus erronée. En effet, pour déterminer cette situation de la femme séparée, l'on eut recours, comme nous l'avons vu, à une assimilation entre elle et le mineur émancipé. Il faudrait du reste se garder de ne voir là qu'une simple façon de parler, qu'une comparaison de forme plutôt que de fond; c'était bien réellement une assimilation que l'on faisait entre ces deux personnes, et l'on raisonnait d'une situation à l'autre (1). Ici la théorie s'appuie sur cette idée que nous connaissons bien et dont l'histoire est en quelque sorte celle de l'autorisation de justice elle-même, l'idée que la femme mariée est une incapable (2).

(1) Voir par exemple comment Le Brun, faisant cette assimilation, détermine les droits de la femme séparée d'après *Cod. Just.*, l. II, t. XLIV, l. I (*de his qui veniam aectatem impetraverunt*).

(2) Il est intéressant de relever que Pothier, qui expose si nettement la théorie classique, ne permettant à la femme séparée que d'administrer ses biens, se refuse justement à faire cette assimilation entre la femme séparée et le mineur émancipé ; car il combattit toujours très vivement cette idée que la femme mariée est

Reconnaître que la femme séparée était dans la même situation qu'un mineur émancipé n'était-ce pas proclamer que d'une façon générale, la femme mariée a dans le droit une situation semblable à celle d'un mineur, en un mot qu'elle est par elle-même et en vertu de sa nature une incapable? Il y avait en pratique certaines circonstances où cela se manifestait bien clairement : dans les cas en effet où la femme séparée, à défaut de l'autorisation qu'elle ne pouvait obtenir de son mari absent ou interdit, s'adressait à la justice, dans tous les cas d'autorisation purement supplétive, n'était-il pas évident que la seule raison que l'on pût donner de l'exigence de cette formalité était l'incapacité de la femme ? Il ne pouvait en effet être question de l'autorité du mari, puisque celui-ci était hors d'état de l'exercer, ni de l'intérêt du ménage puisqu'au point de vue pécuniaire, les deux époux avaient des intérêts distincts? Dans toutes ces hypothèses, l'autorisation de justice n'était en réalité qu'une gêne parfaitement inutile, si on ne l'expliquait pas par l'idée de l'incapacité de la femme.

Mal fondée en raison, inutile et même gênante en pratique (1), cette théorie n'en fut pas moins celle non

semblable à un mineur (v. *Traité de la puissance du mari*, sect. I, p. I). Il résulte de cette contradiction dans les idées de Pothier que l'on ne peut savoir en vertu de quel principe, et de quelle raison juridique, il ne soumet pas la femme séparée à l'autorisation pour tous les actes, même ceux d'administration (*op. cit.*, section II, art. I, p. I).

(1) En général, quand la séparation était contractuelle, on évitait

seulement de la jurisprudence, mais encore de tous les grands jurisconsultes des derniers siècles, tant elle était conforme à la tendance générale des esprits. Nous l'avons vue apparaître dans la jurisprudence du Parlement de Paris à la fin du XVIe siècle ; et elle y fut désormais constamment appliquée. Quant aux jurisconsultes, s'ils demeurèrent attachés à l'ancien système jusqu'au début du XVIIe siècle (1), ils adoptèrent au contraire généralement la nouvelle théorie à l'époque suivante : c'est ainsi qu'elle fut consacrée notamment par Le Brun (2), par Renusson (3), par Bourjon (4) et par Pothier (5) et que Lamoignon l'avait admise dans ses *Arrêtés* (6).

ces inconvénients en donnant à la femme un pouvoir général d'agir en justice sans autorisation. Le Brun, livre II, ch. I, sect. I, § 12.

(1) Il y a un jurisconsulte très considérable dont l'opinion est assez difficile à connaître exactement ; c'est Loisel : dans ses *Institutes coutumières*, la règle XXIV du Liv. I, t. II, est ainsi formulée dans toutes les éditions : « *Femme séparée de biens, autorisée par justice, peut contracter et disposer de ses biens comme si elle n'était mariée.* » Cette règle est incompréhensible et contradictoire: ou bien Loisel a entendu adopter l'ancien système, et alors les mots « autorisée de justice » sont de trop, ou bien il a voulu adopter le système nouveau et alors les mots « comme si elle n'était mariée » n'ont plus aucun sens. A notre avis, Loisel s'est rangé à l'ancienne théorie : les mots « comme si elle n'était mariée » en sont la preuve. Quant aux mots « autorisée de justice », si réellement Loisel les a écrits lui-même, ce qui paraît douteux, ils ne peuvent guère s'expliquer que par une inadvertance.

(2) Le Brun, *Traité de la communauté*, liv. II, sect. I, § 12.

(3) Renusson, *Traité de la communauté*, 1re partie, ch. IX.

(4) Bourjon, *loc. cit.*, ch. IV.

(5) Pothier, *loc. cit.*

(6) « *Les Arrêtés de M. le premier président Lamoignon*, etc.», art. 83.

Néanmoins, il y eut toujours quelques coutumes qui, par suite de la rédaction de certains de leurs articles, demeurèrent l'expression de l'ancienne règle. Telles étaient notamment les Coutumes de Montargis (1), de Dunois (2), de Sedan (3) et la plupart des coutumes des pays flamands et belges et du Hainaut. Dans ces coutumes, les femmes séparées conservèrent jusqu'à la fin de l'ancien droit la faculté de disposer librement de leurs biens, meubles ou immeubles, comme si elles n'étaient pas mariées (4). Dans certaines contrées, comme en Normandie, le droit s'était légèrement altéré sur ce point, sans néanmoins soumettre entièrement la femme séparée à l'autorisation maritale pour tous les actes de disposition (5). Dans d'autres comme en Bourgogne, les tribunaux

(1) *Coutume de Montargis*, chap. VIII, article 6.

(2) *Coutume du Dunois*, article 58.

(3) *Coutume de Sedan*, titre IV, article 96.

(4) L'article 6 du chap. VIII de la *Coutume de Montargis* s'explique très nettement sur ce point : « Item femme séparée de son mari quant aux biens solennellement peut et lui loist contracter et disposer de ses biens meubles et immeubles ainsi et en la manière qu'elle pourrait faire si elle n'était mariée. » Voir à ce sujet le *Commentaire* de l'Hoste précédemment cité.

(5) Au dire de Guyot (*Répertoire*, mot : *Autorisation*, sect. VII, § 5), la femme séparée avait en Normandie le droit d'aliéner ses meubles et les immeubles par elle acquis depuis la séparation sans autorisation. Pour les immeubles qu'elle possédait antérieurement ou qui lui advenaient ensuite par succession, il lui fallait permission de justice ou avis de parents [ce n'était même pas là une véritable autorisation : mais c'était bien une mesure de protection en même temps que de défiance pour la femme].

avaient accoutumé, chaque fois qu'ils prononçaient une séparation de biens, de donner à la femme pouvoir de disposer de ses propriétés comme bon lui semblerait (1).

Ce qui est peut-être plus intéressant à étudier, c'est la position de la doctrine courante en face de certaines coutumes dont les articles étaient moins explicites, c'est-à-dire en réalité, en face de la plus grande partie d'entre elles. En effet généralement sur ce point les coutumes étaient rédigées dans une forme assez semblable à celle des articles 224 et 234 de la Coutume de Paris, ainsi conçus : article 224 : « Femme ne peut ester en jugement sans le consentement de son mari, si elle n'est autorisée ou séparée par justice et ladite séparation exécutée » et article 234 : « Une femme mariée ne se peut obliger sans le consentement de son mari, si elle n'est séparée par effet ou marchande publique » (2). Ces articles, si on les lit sans idée préconçue, semblent bien dire que la femme séparée est entièrement libérée de l'autorisation maritale, et ils ne font aucune distinction entre les actes de disposition et les actes d'administration.

(1) Guyot, *loc. cit.*

(2) Il faut rapprocher de ces articles, comme rédigés dans une forme analogue, les articles suivants : 196, *Coutume d'Orléans* ; 123, *Coutume de Péronne* ; 94, 95, 96, *Coutume de Sedan*; 92 et 93, *Coutume d'Etampes*; 80, *Coutume de Dourdan*; 123 et 131, *Coutume de Montfort-l'Amaury*; 125 et 126, *Coutume de Mantes*; 215, *Coutumes de Melun*; 109, *Coutume de Grand-Perche*.

Et sans aucun doute c'est bien dans ce sens, qui était celui de tout l'ancien droit coutumier, que ces articles furent rédigés lors de la révision de 1580. Et il en fut de même de toutes les coutumes analogues qui devaient être entendues dans le sens de la Coutume de Montargis, dans le sens de la pleine capacité de la femme séparée (1).

La théorie nouvelle était donc en réalité condamnée par le texte même des coutumes ; mais on ne s'arrêta pas à ces difficultés et au moyen d'interprétations ingénieuses l'on s'efforça de faire dire aux textes ce qu'ils ne disaient nullement. Le plus grand effort des jurisconsultes se porta de préférence sur la Coutume de Paris qui entraînait toutes les autres à sa suite (2). Mais à vrai dire ils furent toujours embarrassés devant ces textes, et les multiples in-

(1) Pothier prétend que lors de la réformation de l'article 196 de la *Nouvelle Coutume d'Orléans*, rédigé comme les articles de Paris, l'on abandonna la forme de l'ancien article 171, conforme à celle de la *Coutume de Montargis*, justement pour consacrer la doctrine nouvelle. Cela nous paraît très douteux : la doctrine nouvelle était bien peu répandue quand on réforma la *Coutume d'Orléans* : d'autre part c'est peut-être en copiant les articles de Paris que l'on rédigea l'article 196 de la *Nouvelle Coutume d'Orléans*. Or justement les articles 124 et 134 de la *Nouvelle Coutume de Paris* reproduisent l'ancien article 106 qui certainement s'entendait dans le sens de la pleine capacité de la femme séparée.

(2) Il faut du reste remarquer que les jurisconsultes qui demeurèrent fidèles à l'ancienne conception coutumière continuèrent avec raison à interpréter ces textes dans le sens primitif. Voir par exemple, Chopin, *Commentaire sur la Coutume de Paris*, livre II, titre I, § 15.

terprétations qu'ils en donnèrent, en contradiction les unes avec les autres, en sont la preuve manifeste. Les uns, comme Louet, se contentèrent de déclarer que les articles 224 et 234 devaient s'entendre dans le sens de la doctrine nouvelle, sans indiquer comment les termes pouvaient s'en concilier avec cette théorie à laquelle ils étaient en apparence contraires (1). Le Brun, plus visiblement gêné, et sentant bien que les deux articles rendent à la femme séparée sa pleine capacité, imagine ingénieusement qu'ils visent une situation exceptionnelle, celle où la femme séparée par justice a reçu par le jugement de séparation le pouvoir d'agir en justice et d'administrer librement (2). Cette explication subtile n'était pas sérieusement soutenable : les deux articles sont en effet rédigés en la forme d'une règle générale et on ne pourrait y voir à la rigueur l'énonciation d'une exception, que si l'on trouvait dans la coutume un autre texte général et de sens contraire.

Pothier n'a pas trouvé beaucoup mieux : interprétant l'article 234 il nous dit : « Le sens de cet

(1) Louet, *Arrêts*, lettre F, n° 30.

(2) Le Brun, *Communauté*, liv. II, ch. I, section I, § 12. « Ordinairement, dit-il, quand les séparations sont contractuelles le contrat de mariage porte une clause générale d'autorisation pour agir et pour administrer : quand elles sont judiciaires la sentence porte la même chose, ce qui donne lieu à l'exception qui a lieu dans l'article 224 de la *Coutume de Paris*, qui déclare que la femme peut ester en jugement, quand elle est autorisée ou séparée en justice, etc. »

article est que la femme qui n'est ni séparée ni marchande publique, ne peut en aucun cas par quelque acte ou par quelque contrat que ce soit, s'obliger sans le consentement de son mari. Mais on n'en doit pas conclure que celle qui est séparée puisse indistinctement, pour quelque acte que ce soit, se passer de l'autorisation de son mari, elle peut s'en passer seulement pour les actes et les contrats qui ne concernent que l'administration de ses biens, que la séparation lui donne le droit d'administrer » (1). Cette explication malheureusement ajoute au texte une distinction qu'il ne fait nullement.

En réalité, jamais les articles des coutumes ne signifièrent ce que les jurisconsultes des XVIIe et XVIIIe siècles voulurent leur faire exprimer : ils n'étaient tous que l'expression de l'ancien droit. La théorie nouvelle qui restreignait la capacité de la femme séparée, forgée de toutes pièces par la jurisprudence et par la doctrine avec des idées étrangères au droit coutumier, n'avait aucune racine dans notre droit traditionnel, et était en contradiction avec les termes des coutumes : c'est seulement en violentant les textes qu'on leur fit consacrer un système qu'ils répudiaient formellement.

En résumé l'on vit encore s'étendre le champ d'application de l'autorisation de justice, grâce aux

(1) Pothier, *Traité de la puissance du mari*, section II, article I, § 1.

transformations que subit la séparation de biens durant les deux derniers siècles de l'ancien régime. Auparavant, en supprimant l'autorisation maritale, la séparation ne laissait aucune place à l'autorisation de justice : quand au contraire il fut reçu en doctrine et en jurisprudence que la femme séparée n'était libre que pour les actes d'administration, un double rôle fut assigné à l'autorisation de justice, sous le régime de la séparation, comme sous celui de la communauté : d'une part servir de recours contre les refus injustifiés du mari, d'autre part remplacer celui-ci quand il ne pouvait intervenir lui-même. Sur le premier point, une fois cette règle admise que la femme séparée n'acquérait pas une entière liberté, le rôle de l'autorisation de justice était sans contredit des plus utiles et des plus légitimes. Jamais le besoin ne se faisait plus vivement sentir de protéger la femme, contre les décisions du mari que dans un régime où les intérêts pécuniaires des époux étant séparés pouvaient se trouver parfois opposés, et qui souvent, n'étant que la conséquence d'une séparation de corps, accusait entre le mari et la femme les plus graves mésintelligences. N'était-il pas alors à craindre en effet, que le mari ne se fît un jeu de refuser à la femme une autorisation nécessaire ou ne la lui accordât que moyennant finances ? Mais tout change d'aspect si l'on envisage l'autorisation supplétive : déjà, nous l'avons vu, ce qui faisait le fondement de l'autorisation supplétive dans la communauté, c'était sans contredit l'idée de l'incapacité de la femme : encore cette idée fondamentale se dérobait-elle, assez mal il est vrai, derrière celle de la sauvegarde des intérêts communs ; mais ici quelle raison invoquer sinon l'incapacité même de la femme ? Ce n'est assurément pas la puissance maritale puisque le mari ne peut l'exercer, ce n'est assurément pas l'intérêt commun, puisqu'il n'y en a pas. Il est donc bien visible qu'alors, c'est contre elle-même que l'on protège la femme : et nous voyons enfin apparaître au grand jour et, pour ainsi dire, à nu, cette conception, qui, plus ou moins cachée, avait produit tout le développement de l'autorisation de justice durant le cours de l'ancien droit.

TROISIÈME PARTIE

L'AUTORISATION DE JUSTICE DANS LA LÉGISLATION MODERNE

INTRODUCTION. — DROIT DE LA RÉVOLUTION.

Dans l'ancien droit l'autorisation de justice avait en résumé joué un double rôle ; d'une part, accordée au refus du mari, elle tempérait ce que la puissance maritale aurait pu présenter de despotique, d'autre part, suppléant l'autorisation maritale, elle était devenue, sous l'influence d'idées étrangères au droit coutumier primitif, un véritable système de protection pour la femme mariée. Entre ces deux conceptions l'ancien droit n'avait d'ailleurs pas tenté de faire un choix ; il ne semble même pas que l'on ait nettement compris qu'elles reposaient sur des principes différents et que chacune supposait à l'autorisation maritale un fondement particulier. De là était née une si grande confusion dans les doctrines que Guyot, recherchant quel était le fondement de la puissance maritale, était obligé d'avouer qu'à son avis ce fondement n'était pas le même dans toutes les coutumes de France (1).

Avec la Révolution il semble que tout eût dû changer : en réalité il n'en fut rien, car l'œuvre législative n'eut pas le temps d'aboutir sur ce point. Mais si aucune loi ne fut promulguée où la question fût résolue, du moins pouvons-nous juger des tendances de l'époque par les différents projets de Code civil rédigés sous la Convention et sous le Directoire. Ces projets au nombre de quatre, si on laisse de côté celui qui devait devenir le Code civil actuel, peuvent d'après leurs tendances être classés en deux groupes, d'abord les deux premiers projets qui sont une réaction très nette contre l'ancien droit, puis les deux seconds qui sont un retour timide d'abord, plus franc ensuite, à la législation antérieure (2).

(1) Guyot, *Répertoire*, mot *Autorisation*, section II *in fine*. Le passage est à citer : « Nous ne saurions croire que tous les rédacteurs de nos lois municipales se soient conduits par les mêmes motifs... Ici l'assujétissement de la femme à la puissance du mari paraissait devoir seul emporter contre elle une défense absolue de faire aucun acte sans l'autorité de son mari. Là on ne s'occupait que des intérêts de celui-ci et dès qu'ils étaient en sûreté on ne s'inquiétait plus de la femme. Ailleurs l'un et l'autre conjoints fixaient à la fois le regard du législateur, et en défendant à l'un de contracter sans la participation de l'autre, c'était à leur avantage commun qu'il entendait pourvoir..... »

Ce que Guyot dit des différentes coutumes on aurait pu, avec tout autant de raison, le dire des différents articles de chaque coutume.

(2) Sagnac, *La Législation civile de la Révolution*, livre II, chap. IV, section I.

Les deux premiers projets, celui du 9 août 1793 (1) et celui du 23 fructidor an II (2) se signalent d'abord l'un et l'autre par un caractère commun important : tous deux, par prétention, suppriment la puissance maritale comme telle. Les rapports des époux entre eux y sont uniquement déterminés par le régime matrimonial qu'ils ont choisi ; faute par eux d'ailleurs d'avoir fait un contrat, la loi les soumet au régime de la communauté. Mais il n'est plus ici question de donner un chef à cette communauté : les deux époux ont des droits égaux sur les biens communs ; l'un comme l'autre ils peuvent faire les actes conservatoires, et quant aux actes plus graves ils doivent les accomplir ensemble (3).

Cette solution s'était imposée à l'esprit du comité de législation sous l'influence de deux ordres de considérations. Tout d'abord, par respect de la liberté des individus et de l'égalité des sexes, l'on avait voulu abolir tout ce qui rappelait l'ancienne toute-

(1) Sur ce projet et sur le rapport de Cambacérès dans la séance du 9 août 1793, V. Fenet, t. I, p. 139.

(2) *Rapport sur le Code civil fait au nom du Comité de législation dans la séance du 23 fructidor an II de la République par Cambacérès*, Paris, an II, et le texte du projet dans Fenet, t. I.

(3) *Projet de 1793*, titre III, art. 11 : « Les époux ont et exercent un droit égal pour l'administration de leurs biens », — art. 12 : « Tout acte emportant vente, engagement, obligation ou hypothèque sur les biens de l'un ou de l'autre n'est valable s'il n'est consenti par l'un et l'autre des époux ». — *Projet de l'an II*, t. VI, art. 44 : « Il y a communauté de biens entre les époux et droit égal à leur administration ».

puissance du père de famille ; de là la suppression de l'autorisation maritale ; d'autre part l'on avait voulu faire de la communauté une association plus intime entre les époux qu'elle n'était dans le dernier état de l'ancien droit. Ces intentions furent d'ailleurs formellement exprimées par Cambacérès dans ses deux rapports à la Convention (1). L'autorisation maritale supprimée, celle de la justice l'était à plus forte raison.

Mais ces projets furent en but à de très vives critiques : s'il était bon de vouloir rendre la communauté de biens aussi intime que possible entre les époux, était-il nécessaire pour cela de supprimer toute unité de direction dans le ménage ? Pourquoi ne pas faire de la femme l'associée et la collaboratrice du mari tout en la subordonnant à la volonté de celui-ci dans l'intérêt même de la famille, comme le faisait notre très ancien droit ?

Ces critiques portèrent et l'on s'en aperçoit à la lecture des deux projets de Code suivants (2). Le

(1) Voici dans quels termes il s'exprime dans son rapport sur le projet de 1793. « La loi fixera les règles simples dérivant de la nature même du mariage ; elle consacrera la communauté de biens comme le modèle le plus conforme à cette union intime, à cette unité d'intérêts, fondement inaltérable du bonheur des familles. Les mêmes motifs nous ont fait adopter l'usage de l'administration commune ; cette innovation éprouvera peut-être des critiques : elles auront leur réponse dans ce principe d'égalité qui doit régler tous les actes de notre organisation sociale, etc... »

(2) *Proposition faite au nom de la commission de classification des lois au Conseil des Cinq Cents, par Cambacérès* (Messidor an

premier de ceux-ci, le troisième de ceux qui furent élaborés sous la présidence de Cambacérès, marque une tendance au retour vers le système de l'ancien droit. Sans doute il ne consacre point l'autorisation maritale d'une façon générale, et cela parce qu'il ne rétablit pas la puissance du mari ; mais indirectement il revient à cette institution, du moins pour la femme commune. Il n'est plus en effet question d'administration des biens communs pour les deux époux (1) ; c'est là un rôle qui est réservé au mari seul ; il a même l'administration des biens non communs de la femme. D'autre part celle-ci ne peut aliéner ses propres ni plaider, ni s'obliger, sans l'autorisation de son mari (2). Du même coup l'autorisation de justice réapparaît dans notre droit : si le mari refuse d'autoriser, la femme peut s'adresser au juge de paix (3).

IV, Fenet, t. I). *Projet de Code civil présenté par Jacqueminot au nom de la section de législation à la commission du Conseil des Cinq Cents* (30 frimaire an VIII, Fenet, t. I).

(1) *Troisième projet* de Cambacérès, art. 293 : « le mari administre seul la communauté et... ». Cambacérès qui avait si vivement soutenu l'idée de l'administration commune la critique maintenant avec non moins d'ardeur. « Remarquez en effet, dit-il, que l'administration commune serait perpétuellement entravée, et que la diversité d'opinion sur les plus petits détails opérerait bientôt la dissolution du mariage. Rien d'ailleurs n'empêcherait que l'administration ne fût mise exclusivement entre les mains de la femme ; une pareille convention n'offrirait-elle pas une contravention à la loi naturelle et ne ferait-elle pas supposer l'imbécillité du mari ? »

(2) Art. 295, 296, 298.

(3) Art. 296 et 297. Il est intéressant de relever que l'article 297

Dans le projet de Jacqueminot (30 frimaire an VIII) l'ancien droit semble revivre tout entier dans le paragraphe intitulé *Des droits du mari*. La femme, quel que soit le régime matrimonial, est soumise à la puissance maritale et par suite à l'autorisation (1). Au refus du mari de l'autoriser (2), celle-ci peut s'adresser à la justice. Enfin le nouveau projet accentue davantage les tendances du précédent en revenant au système de l'autorisation supplétive, qu'il exige même au cas de minorité du mari (3). Enfin la femme comme le mari peut se prévaloir du défaut d'autorisation (4).

Quelles qu'aient été du reste les tendances de la législation intermédiaire, comme elles ne prirent corps dans aucune loi, les rédacteurs du Code civil se trouvaient en réalité en face des solutions du droit coutumier. Comment allaient-ils résoudre le problème. De l'ensemble des règles anciennes sur ce

décide qu'au cas de refus injustifié du mari, et en cas d'insuffisance des propres de la femme, les frais de l'instance sont à la charge de la communauté.

(1) *Projet du 30 frimaire an VIII*, titre I, § VII, *Des droits du mari*, art. 57 et 58 interdisant à la femme « même non commune ou séparée de biens » d'ester en justice, d'aliéner, de donner, d'hypothéquer ses biens sans autorisation.

(2) Art. 59.

(3) Cas d'autorisation supplétive : *a*) Mari condamné par contumace à la mort civile, art. 61 ; *b*) Mari interdit, art. 62 ; *c*) Mari absent, art. 62 ; *d*) Mari mineur, art. 64.

(4) Art. 65. Cet article donne cette faculté non seulement à la femme et au mari mais encore « à leurs héritiers ». C'est là la formule qu'adoptera l'article 225 du Code civil.

point ils pouvaient puiser les éléments de deux théories dont chacune conduisait à des solutions différentes.

Tout d'abord ils auraient pu comme notre très ancien droit coutumier ne voir dans l'autorisation maritale qu'une manifestation de la puissance du mari sur la femme, puissance établie dans l'intérêt même du ménage en vue d'assurer l'unité de direction de l'association conjugale. Dans une semblable solution le rôle tout indiqué de l'autorisation de justice était d'offrir à la femme un recours contre l'arbitraire du mari dont le consentement est nécessaire pour accomplir un acte juridique. Tel était le rôle que Bouteiller faisait jouer à l'autorisation de justice : c'était celui qui cadrait le mieux avec les anciennes conceptions coutumières. Dans un semblable système c'était à cette fonction que devait du reste se limiter l'intervention de la justice, qui n'aurait pu remplacer entièrement le mari.

Mais d'autre part un système différent était concevable. L'on aurait pu envisager l'autorisation maritale comme une mesure de protection pour la femme, établie uniquement en sa faveur, à raison de la *fragilitas sexus*. Ce système admis, où le mari eût été le protecteur de la femme, il importait grandement que la femme incapable ne fût jamais privée de cette protection : et ici l'autorisation de justice devait intervenir nécessairement dans un but tout différent de celui que lui eût donné l'autre système, dans le but de remplacer le mari toutes les fois que par suite d'une impossibilité matérielle ou d'une incapacité légale, il ne pourrait donner valablement son autorisation. En un mot cette théorie avait pour conséquence directe le développement de l'autorisation supplétive.

Entre ces deux systèmes concevables théoriquemet il fallait choisir sous peine de voir renaître les confusions qui caractérisaient en cette matière l'ancien droit coutumier dans son dernier état (1). Mais en réalité le choix n'était pas possible : l'un des deux principes était inadmissible dans une législation moderne, c'est le second. Comment admettre en effet que l'autorisation ne soit qu'un instrument de protection pour la femme là où les femmes ne sont pas envisagées comme incapables à raison de leur nature, là où l'on ne les tient plus en tutelle, là où elles ont les mêmes droits civils que les hommes ? Là, d'autre part, où l'on ne protège ni la fille ni la veuve, comment sans inconséquence se croire obligé à pro-

(1) C'est ce qu'a parfaitement vu Gide, *op. cit.*, p. 473. « Tout compromis, tout moyen terme est impossible en présence des deux systèmes absolus et contradictoires que j'exposais tout à l'heure. La femme mariée est-elle incapable ou capable ? L'autorisation maritale n'est-elle qu'un moyen de suppléer à son incapacité, ou n'a-t-elle pour but que d'imprimer l'unité de direction et de vue au gouvernement du ménage ? Il faut opter franchement pour un principe ou pour l'autre et en accepter sans réserves toutes les conséquences. »

téger la femme mariée ? — Une seule solution était donc possible : faire de l'autorisation maritale un moyen de discipline domestique entre les mains du mari, et rejeter toute règle qui ne reposait que sur l'incapacité de la femme.

Le Code l'a-t-il fait ? Comment a-t-il conçu l'autorisation maritale ? C'est là le sujet de nombreuses controverses : l'étude de l'autorisation de justice telle qu'il l'a organisée comparée avec celle de l'ancien droit nous permettra peut-être de répondre à la question, et de critiquer le système adopté. Pour cela nous examinerons successivement le rôle de l'autorisation de Justin, les effets de cette autorisation et la sanction du défaut d'autorisation dans le droit moderne.

CHAPITRE PREMIER

ÉTENDUE ET LIMITATION DE L'AUTORISATION DE JUSTICE DANS LE CODE CIVIL.

Il nous faudra sur ce point, comme nous l'avons fait pour l'ancien droit, examiner successivement le rôle de l'autorisation de justice quant aux circonstances où elle intervient d'abord, puis quant aux différents actes auxquels elle s'applique.

SECTION I

LIMITATION QUANT AUX CIRCONSTANCES OU L'AUTORISATION DE JUSTICE PEUT INTERVENIR. — EXTENSION DE L'AUTORISATION SUPPLÉTIVE.

L'autorisation de justice remplit dans le système du Code civil les mêmes fonctions qu'elle remplissait dans l'ancien droit ; d'une part comme accordée au refus du mari, d'autre part comme suppléant son autorisation dans certaines hypothèses. Mais, avant d'entrer dans l'examen de ce double rôle, il importe de jeter un coup d'œil sur une innovation considérable du Code civil.

Dans l'ancien droit l'autorisation maritale, née en même temps que le régime de communauté, était une institution purement coutumière : il en résultait que seuls les régimes matrimoniaux coutumiers se combinaient avec les règles de l'autorisation. Nous avons vu comment la chose allait de soi pour le régime de la communauté, qui faisait pour ainsi dire corps avec le système de l'autorisation, et combien l'adaptation des mêmes règles à la séparation de biens avait été longue et difficile.

Le Code civil en conservant à la fois les institutions coutumières et certaines institutions des pays de droit écrit, pose en principe que l'autorisation maritale s'applique quel que soit le régime matrimonial adopté par les époux, en même temps qu'il permet à ceux-ci de se soumettre au régime dotal si bon leur semble. Il en résulte que l'autorisation maritale doit actuellement se combiner avec tous régimes des biens entre époux. Elle devient aussi une règle générale qui domine toutes les conventions matrimoniales et que celles-ci ne peuvent écarter (art. 1388).

Comment expliquer sur ce point la solution du Code civil, et peut-on la justifier ? Sans rien préjuger de ce qui pourra être dit dans la suite sur les conséquences plus ou moins satisfaisantes du principe dans certaines hypothèses, le système du Code, d'une façon générale, peut se justifier (1). Théori-

(1) Il ne s'agit ici bien entendu que de justifier en raison le sys-

quement d'abord comme le Code admet, ainsi qu'il était généralement reçu dans l'ancien droit, que la puissance maritale naît du mariage même et non des conventions pécuniaires qui l'accompagnent, que par suite elle se rencontre sous tous les régimes, et comme d'autre part cette puissance maritale est rationnellement la cause de l'autorisation, la solution du Code apparaît comme parfaitement logique. Cette façon d'envisager la question n'est d'ailleurs pas nouvelle ; c'est déjà pour les mêmes motifs que nos anciens jurisconsultes avaient fini par étendre la règle de l'autorisation au cas de séparation. Il a donc été possible de consacrer ce système sans défigurer la théorie de l'autorisation. Et en somme le Code n'a nullement par là abusé de la puissance maritale : il est légitime que l'autorité du mari s'étende à tous les actes que la femme accomplit, et l'on peut même dire que c'est là un moyen d'assurer l'unité de vue dans le ménage qui semble d'autant plus nécessaire que le régime matrimonial accorde plus de liberté à la femme ; l'autorisation est alors un lien entre les intérêts des époux qui, autrement, seraient trop indépendants les uns des autres. L'extension donnée sur ce point à

tème du Code, non d'expliquer les motifs qui ont poussé les rédacteurs dans cette voie. Nous verrons quel rôle considérable a joué dans la rédaction de cette partie du Code l'idée que la puissance maritale est un système de protection pour la femme. Cette idée conduisait justement à soumettre la femme à l'autorisation sous tous les régimes afin de lui assurer toujours la protection qui lui est due (art. 213).

l'autorisation maritale elle-même n'est donc pas un mal.

Cette observation générale préalablement faite, il nous faut maintenant étudier le double rôle que va jouer l'autorisation de justice, d'une part au refus du mari, d'autre part comme autorisation supplétive.

Sur le premier point, en maintenant l'autorisation de justice telle qu'elle avait fonctionné chez nous dès le XIVe siècle, le Code civil a suivi la tradition dans ce qu'elle avait de meilleur. Il n'y a pas lieu de revenir sur la légitimité de cette fonction de l'autorisation judiciaire (1) ; il importe seulement de remarquer qu'à aucune époque de notre droit ce recours accordé à la femme n'a été plus nécessaire que sous le Code civil. En imposant à la femme la nécessité d'obtenir l'autorisation maritale sous tous les régimes, le Code a par là même exigé un acte qui suppose l'union entre les époux, dans différentes hypothèses où justement le régime adopté est un régime de défiance sinon d'antagonisme, comme au cas de séparation de biens et de régime dotal. Ici les intérêts pécuniaires des époux sont séparés, soit dès l'origine même du ménage, soit, ce qui indique une situation plus grave encore, depuis que le mari s'est montré un mauvais administrateur ; et la femme

(1) Voir plus haut, pp. 17 et 37.

néanmoins ne peut accomplir un acte de quelque importance sans recourir à son mari qui paraît suspect ou qui même a déjà donné des preuves d'incapacité. Quelles conditions va-t-il mettre à son consentement ; l'idée ne lui viendra-t-elle pas d'obtenir par ce moyen des compensations à la situation où l'a placé le régime matrimonial ou le jugement de séparation de biens ? (1) Il importe donc ici que le juge intervienne pour limiter ou plutôt pour corriger une autorité qui devient abusive ; c'est donc à juste titre que le Code s'en est tenu sur cette question aux traditions de l'ancien droit (2) ; tout l'y engageait, surtout les règles nouvelles qu'il avait établies lui-même.

(1) Les abus nés de cette situation se produisaient surtout au cas où la séparation de biens est la conséquence d'une séparation de corps. Ils furent même alors si criants qu'ils ont attiré l'attention du législateur et qu'ils ont ainsi été la cause de la loi du 6 février 1893, qui a soustrait la femme séparée à la nécessité de l'autorisation, tant du mari que de la justice. Peut-être faut-il regretter qu'elle n'ait pas été plus loin et brisé entièrement, comme le laisseraient croire les mots « rendre à la femme le plein exercice de sa capacité civile », les conventions matrimoniales elles-mêmes, qui n'ont plus de raison d'être là où il n'y a plus de vie en commun. Au point de vue historique qui nous occupe ici, cette loi a pour nous l'intérêt d'être un retour, inconscient sans doute, au système de l'ancien droit où la séparation de biens entraînait suppression de toute autorisation.

(2) Ce n'est pas seulement quant au principe général mais encore quant aux détails que notre droit moderne a suivi l'ancien. Les règles admises, comme celle de la spécialité de l'autorisation art. 223, de même que la procédure réglementée aux articles 861 et suivants du Code de procédure civile, sont des legs de notre ancien droit (V. *suprà*, p. 37 et suivantes).

Mais, à côté de ce rôle indispensable, l'autorisation de justice en avait durant l'ancien droit joué un autre qui n'avait cessé de s'accentuer au cours des trois derniers siècles de l'ancien régime, celui d'autorisation purement supplétive (1). Ici ce n'était plus en crainte des décisions arbitraires du mari que la justice intervenait mais bien en crainte de la légèreté de la femme, pour la protéger contre son inexpérience, pour remplir auprès d'elle un office que les circonstances interdisaient au mari. Les rédacteurs du Code allaient-ils consacrer cette conception? La décision qu'ils avaient à prendre sur ce point était des plus importantes : c'est ici qu'ils devaient manifester en effet leur opinion sur le fondement de l'autorisation maritale. Était-elle la conséquence de la puissance du mari, pourquoi la laisser subsister quand le mari ne peut exercer son autorité ? Était-elle une conséquence de la nature de la femme ? il allait au contraire la laisser subsister dans tous les cas.

Les principes du droit moderne, semble-t-il, auraient dû les conduire à ne rien laisser dans nos lois de ce qui était la conséquence d'une prétendue infériorité de la femme. Telle ne fut pourtant pas, il faut le reconnaître, l'opinion qu'ils adoptèrent : non seulement en effet ils laissèrent subsister l'autorisation

(1) V. *suprà*, IIe partie, ch. I, sect. I *in fine*.

supplétive, mais ils l'aggravèrent en quelque sorte en en multipliant les cas d'application.

Et tout d'abord les anciens cas d'autorisation supplétive sont tous maintenus dans le Code civil. Ces cas sont : l'absence et l'interdiction du mari (1) et sa condamnation à une peine afflictive ou infamante. Pour le premier cas, les rédacteurs du Code se sont assurément contentés de prendre la règle telle qu'ils l'ont trouvée consacrée dans nos anciens auteurs, sans se préoccuper d'en assurer la concordance avec les dispositions du titre des « absents » (2). En tous cas, ils ont fait de la femme de l'absent une véritable incapable, et par là même, ils sont entrés en contradiction avec eux-mêmes ; n'ont-ils pas en effet, dans l'article 141, délégué à la mère, au cas d'absence du père, l'exercice de la puissance paternelle, proclamant ainsi que dans l'association conjugale la femme doit prendre le premier rang quand le mari fait défaut, et veiller à sa place sur les intérêts communs?

(1) Voir *suprà*, IIe partie, ch. I, section I.

(2) Il en résulte de là une certaine hésitation sur la façon dont on doit entendre ici le mot « absent » ; le Code entend-il par là le fait pour le mari de n'être pas présent au moment où la femme a besoin d'autorisation. Exige-t-il au contraire qu'il y ait au moins absence présumée ? Les traditions conduisaient à admettre le premier système, qui de plus semble seul devoir rendre les services que la loi attend de l'autorisation de justice, et ne pas mettre la femme dans l'impossibilité d'accomplir un acte urgent. — Malheureusement cette solution semble rejetée par l'article 863 du Code de procédure civile. V. Demolombe, *Traité du mariage*, livre I, t. V, chap. VI, § 2.

N'est-il pas étrange de voir la loi proclamer d'une part que nul n'est plus capable de remplacer le mari que la femme, et d'autre part interdire à cette même femme d'accomplir un acte juridique (1) pour son propre compte. Telle est pourtant la contradiction dans laquelle tombe le Code en consacrant le système de l'autorisation supplétive au cas d'absence (2).

Mais il y a plus et la théorie devient véritablement étrange quand il s'agit de l'interdiction du mari. Dans cette hypothèse, aux termes de l'article 507, la femme peut être nommée tutrice de son mari et elle se trouve alors dans la situation suivante : comme femme mariée, elle conserve son incapacité quand elle a à agir en son propre nom et par conséquent elle demeure soumise à la nécessité de l'autorisation. Veut-elle intenter une action ? il va lui falloir l'autorisation de la justice.

(1) En entrant dans les détails la contradiction du texte se manifeste plus visiblement encore quand on veut combiner le pouvoir accordé à la femme par l'article 141 avec l'incapacité où la met l'article 222. — Pourra-t-elle en effet accomplir les différents actes impliqués par l'administration des biens de ses enfants sans autorisation de justice ? Si oui, ainsi qu'on le décide généralement, elle sera plus ou moins capable suivant qu'il s'agira pour elle d'administrer les biens des enfants, ou d'administrer les siens.— (Pour ceux-ci, au moins au cas de communauté, il lui faudra l'autorisation de justice. V. Marcadé, *Explication du Code Napoléon*, titre IV, *Des Absents*, art. 141. Demante et Colmet de Santerre, t. I, n° 186 *bis* II.)

(2) L'inconséquence du système est encore visible, si l'on remarque qu'au cas d'absence du mari l'article 149 accorde formellement à la mère le droit de consentir au mariage de ses enfants. Serait-ce par hasard un acte moins grave ou moins difficile qu'une aliénation ou une constitution d'hypothèque ?

Agit-elle au contraire comme tutrice, remplaçant le mari, administrant les biens personnels de celui-ci ou les biens de la communauté, ou même ses propres biens dont le mari avait l'administration, elle échappe à la nécessité de l'autorisation de la justice. Incapable dans certaines hypothèses elle est capable dans d'autres, sans que pourtant rien n'ait été modifié dans sa propre personnalité (1). Ici la loi se contredit en quelque sorte elle-même : les diverses solutions qu'elle adopte partent chacune d'un principe différent : en permettant d'une part à la femme mariée d'être la tutrice de son mari, le Code s'est placé au point de vue de notre très ancien droit qui faisait de la femme l'associée de l'homme dans le ménage et sa remplaçante quand il ne pouvait plus exercer la direction ; en la soumettant d'autre part à l'autori-

(1) Nous avons adopté au texte la théorie qui admet que la femme tutrice de son mari a tous les pouvoirs d'un tuteur et qu'il faut appliquer dans la circonstance les règles de la tutelle en exception de celles de la puissance maritale. Cette théorie nous paraît résulter des dispositions de l'article 507 (V. en ce sens notamment Demolombe, *Traité du Mariage*, Liv. I, t. V, ch. VI, n° 227. — Baudry-Lacantinerie, *Précis*, tome I, n° 1174. — Voir aussi en jurisprudence Bordeaux, 30 janvier 1890, D.P. 1891.2.245). L'on ne pourrait espérer mettre le Code d'accord avec lui-même en soutenant que « la femme tutrice de son mari n'est pas pour cela relevée de l'incapacité qui s'attache à sa qualité de femme mariée », comme le font certains auteurs (Demante et Colmet de Santerre, t. II, n° 279 *bis* IV). La contradiction du Code est en effet dans les principes mêmes, non dans les conséquences. Ce qui est illogique c'est d'envisager la femme comme une incapable et néanmoins de lui confier une tutelle.

sation de justice, au cas d'interdiction du mari, il a fait sienne la théorie d'origine romaine qui voit dans la femme une incapable à raison de son sexe.

Sans insister sur l'application de l'autorisation de justice au cas où le mari est frappé d'une peine afflictive ou infamante (1), qui n'est encore qu'une tradition de notre ancien droit modifiée par les règles du droit pénal nouveau (2), et qui soulève les mêmes critiques que les cas précédents d'autorisation supplétive, arrivons enfin à une innovation du Code civil qui est l'achèvement de toute la théorie.

La question s'était posée dans l'ancien droit, au moins durant le cours des deux derniers siècles, de savoir quelle influence pouvait avoir la minorité du mari sur la théorie de l'autorisation. Si l'on voyait dans cette institution un moyen de protéger la femme contre sa propre faiblesse et contre son inexpérience, ne paraissait-il pas tout à fait absurde de la faire autoriser par un incapable ? Si d'autre part la seule puissance maritale semblait le fondement de l'autorisation, comment admettre que le mari, même mineur, ne pût remplir un rôle que sa qualité de « chef » lui imposait et n'accordait qu'à lui ? La pure tradition coutumière conduisait sans doute vers cette dernière solution, mais les idées plus récentes sur

(1) Les différentes questions qui se posent dans cette hypothèse, notamment au cas de dégradation civique, nécessitent des détails qui dépasseraient le cadre de cette étude.

(2) Voir plus haut, IIe partie, ch. I, section I.

lesquelles se fondait tout le système de l'autorisation supplétive inclinaient les esprits vers la première. Néanmoins, malgré les hésitations fréquentes, c'était un principe généralement admis que la minorité du mari ne donnait pas lieu à l'intervention du juge et que le mari seul exerçait le droit d'autoriser la femme malgré l'état d'incapacité où le plaçait son âge (1).

Telle n'est pas la solution du Code civil, et sur ce point les rédacteurs n'ont pas suivi leur guide habituel, Pothier (2). L'article 224, formulé spécialement pour notre hypothèse, déclare que le mari mineur est remplacé par le juge, qu'il s'agisse pour la femme d'intenter une action ou de contracter (3). Ici, ayant, comme nos auteurs du XVIIe et du XVIIIe siècles, à choisir entre deux solutions dont l'une impliquait cette idée que la femme trouve dans l'autorisation un système protecteur, c'est cette solution que les rédacteurs du Code civil ont adoptée : ils ont donc du même coup consacré le principe qui s'y trouvait impliqué. Par là aussi ils ont encore élargi le champ d'application de l'autorisation supplétive, si restreint à l'origine, maintenant presque aussi vaste que celui de l'autorisation maritale elle-

(1) Voir plus haut, IIe partie, ch. I, section I.

(2) Pothier, *Traité de la puissance maritale*, n°s 29 et 30.

(3) Art. 224 : « Si le mari est mineur l'autorisation du juge est nécessaire à la femme, soit pour ester en jugement, soit pour contracter. »

même (1). Nous allons voir comment elle la remplace également pour presque tous les actes.

SECTION II

LIMITATION QUANT AUX ACTES AUXQUELS S'APPLIQUE L'AUTORISATION DE JUSTICE.

Sur ce point la controverse avait été longue et

(1) Signalons seulement en passant qu'il y a d'autres cas plus ou moins controversés où il y aurait lieu à l'autorisation ; *a*) tout d'abord celui où le mari est placé dans un établissement d'aliénés. Loi du 30 juin 1838. *b*) En second lieu celui où le mari est pourvu d'un conseil judiciaire avec les distinctions nécessaires suivant la nature de l'acte à passer. *c*) Enfin en troisième lieu il y a une hypothèse plus controversée encore. Le mari peut-il autoriser la femme à passer un acte qui l'intéresse, soit avec un tiers, soit avec lui-même ? Le mari peut-il être *auctor in rem suam* ? La question n'est pas nouvelle et nos anciens auteurs se l'étaient déjà posée. Généralement, au moins dans le cours du XVIIIe siècle et dans le dernier état de l'ancien droit, il était admis que le mari pouvait alors valablement autoriser sa femme (v. Pothier, *op. cit.*, n° 42). Dans le droit moderne il ne semble pas qu'il faille admettre un autre principe. S'il s'agit d'un acte qui doit être passé avec un tiers, les termes de l'article 1431 impliquent nécessairement que l'autorisation du mari est suffisante (En ce sens : Demante et Colmet de Santerre, *op. cit.*, 305 *bis* XI ; Demolombe, *op. cit.*, Liv. I, titre V, chap. VI et Gide, *op. cit.*, p. 433 et 434, etc.). S'il s'agit pour la femme de contracter avec le mari, la solution est plus généralement contestée, néanmoins, dans le silence du Code, il n'y a pas lieu de multiplier encore les cas d'autorisation supplétive.

Voir en ce sens la très complète discussion de Demolombe, *loc. cit.*, et Demante, t. I, n° 305 *bis* XI. Peut-être ce cas, où justement le Code ne permet pas l'intervention de la justice, eût-il pu être considéré comme une cause légitime de cette intervention. — Mais le Code s'occupe uniquement de protéger la femme contre les tiers et non contre l'influence du mari, qui est pourtant un plus grave danger.

vive et ce n'est pas sans difficulté que, sauf pour quelques cas particuliers, l'autorisation de justice primitivement restreinte aux actions, s'était peu à peu appliquée aux contrats eux-mêmes (1).

De l'ancienne controverse il ne subsiste pas de traces bien sensibles dans le Code civil. Devant les termes de l'article 217 et devant la formule générale de l'article 219 il devient impossible d'admettre que le Code n'ait pas permis à l'autorisation de justice de jouer son rôle aussi bien au cas de contrat qu'au cas d'action. Là encore, si on néglige un certain nombre d'actes particuliers, comme le testament (2), l'exécution testamentaire (3), la faculté

(1) Voir plus haut, IIe partie, ch. I, section II.

(2) En ce qui concerne le testament, le Code civil dans l'article 226 est sans contredit revenu aux vrais principes dont certaines coutumes s'étaient jadis écartées (v. plus haut IIe partie, ch. I, section II). La femme n'ayant jamais besoin de l'autorisation du mari pour tester, il n'y a jamais lieu à l'intervention de la justice. Le testament étant par excellence l'acte qu'il faut faire en toute liberté, la solution du Code est assurément la meilleure.

(3) Nous avons vu que l'ancien droit ne permettait à la femme d'être exécutrice testamentaire qu'avec l'autorisation de son mari. Sans doute parce qu'on y voyait un « officium virile » qui portait atteinte à l'autorité maritale, et aussi parce que la femme non autorisée du mari, ne pouvant engager que la nue propriété de ses propres, n'offrait pas assez de garanties aux successeurs du *de cujus*. — Le Code civil, consacrant plusieurs régimes matrimoniaux, a dû donner plusieurs solutions différentes suivant la nature du régime adopté par les époux. D'où l'article 1029. Au cas de communauté la femme ne peut accepter l'exécution testamentaire qu'avec le concours du mari : c'est en effet le seul moyen d'assurer aux intéressés un recours suffisant. Au cas de séparation de biens au contraire, la femme peut se faire autori-

de faire le commerce (1) ou d'exercer telle profession, le droit moderne marque encore une extension du rôle de l'autorisation de justice.

Cette extension peut-elle se justifier? Il faut ici, comme en tout ce qui touche l'autorisation de justice, faire une distinction fondamentale. Permettre à la femme de s'adresser à la justice quand son mari lui refuse de l'autoriser à passer un acte, c'est lui accorder un secours qui est la vraie raison d'être de l'autorité judiciaire. Si le mari peut nuire aux intérêts de la femme en lui interdisant d'intenter une action il peut lui nuire tout autant et tout aussi injustement en ne lui permettant pas de passer tel ou tel contrat avantageux. C'est une raison que l'on avait déjà fait valoir dans l'ancien droit (2) et sur

ser par la justice. Ces solutions sont visiblement inspirées du droit coutumier. Lors de la rédaction de l'article l'on n'a prévu ni le régime sans communauté, ni le régime dotal. Pour le premier il semble bien que la solution doit être la même qu'au cas de communauté. Pour le second il faudrait au contraire, au moins quand il y a des paraphernaux, l'assimiler au régime de la séparation. Cette seconde règle néanmoins a cet inconvénient de n'être conforme au principe que s'il y a des paraphernaux en quantité suffisante pour assurer un recours efficace contre la femme.

V. en ce sens Demante et Colmet de Santerre, *op. cit.*, t. IV, n° 174 *bis* I ; Baudry-Lacantinerie, *op. cit.*, t. II, n°s 624 et suiv.

(1) Pour le commerce et l'exercice de certaines professions la question de l'intervention de la justice est des plus délicates parce qu'elle touche forcément au principe lui-même. Malgré la tendance de la jurisprudence à permettre à la justice d'autoriser dans certains cas la femme à faire le commerce, cette solution nous paraît peu conforme à la loi (Arg. art. 4 et 5 du Code de commerce).

(2) V. plus haut, II° partie, ch. I, section II.

laquelle il n'y a plus lieu d'insister. Mais il n'en est plus de même quand il s'agit d'autoriser la femme au cas d'absence, d'interdiction ou de minorité du mari. Ici tous les inconvénients de l'autorisation supplétive apparaissent, et c'est cette institution qu'il faut critiquer en elle-même : l'étendre aux actes extrajudiciaires, c'est seulement en aggraver les défauts.

De cette rapide étude du champ d'application de l'autorisation de justice dans le Code civil un fait capital se dégage : c'est que le Code, en suivant sur ce point les dernières tendances de la législation coutumière, a vu dans la femme mariée une véritable incapable ; à cette incapable il a donné comme protecteur le mari d'abord et en second lieu, à défaut de celui-ci, la justice. Il a voulu que dans aucun cas la femme ne fût abandonnée à elle-même : de là tout le système de l'autorisation supplétive.

Comment cette institution s'était établie dans notre droit, comment elle s'y était développée durant toute la durée de l'ancien régime sous l'influence d'idées romaines ou canoniques, étrangères au vieux fond coutumier et qui avaient peu à peu dénaturé la conception de l'autorisation maritale, c'est ce qui a été montré précédemment. Or ces idées, les rédacteurs du Code civil les ont assurément adoptées. Si le texte même de la loi ne suffisait pas en effet à l'établir avec netteté, nous en trouverions la preuve dans les travaux préparatoires, qui montrent assez comment l'on en vint à formuler les règles du Code. C'est Portalis (1) qui dans son *Exposé des motifs* a posé le principe d'où l'on a déduit toutes les conséquences : « La femme, a-t-il dit, a besoin de protection parce qu'elle est plus faible ». C'est donc pour trouver un protecteur que la femme se marie, et tel est en effet le rôle que l'article 213 donne au mari. « Le mari doit protection à sa femme. » Exposé devant le Corps législatif, ce principe fut également proclamé au Tribunat (2). De là l'on a pu tirer tout le système ; à la vérité l'on n'y a pas eu grand mal, car il suffisait d'adopter toutes les solutions de l'ancien droit, et l'on n'y a pas manqué, sauf même parfois même à les aggraver pour plus de logique, comme au cas de minorité du mari.

Par suite, la soi-disant incapacité naturelle à la femme, conséquence de la *fragilitas sexus*, se trouve quoi qu'on en ait dit, au fond même de la conception de l'autorisation dans le Code civil et elle seule peut servir d'explication aux articles 221, 222 et 224, pour ne parler que de ceux-là. Que cela ait pu pa-

(1) *Code civil. Exposé des motifs par Portalis au Corps législatif*. Séance du 16 ventôse an XI (Locré, t. IV, p. 522 et suiv.).

(2) *Rapport fait au Tribunat au nom de la section de législation par M. Gillet, dans la séance du 23 ventôse an XI* (Locré, t. IV, p. 526). Ce discours marque encore plus nettement que celui de Portalis l'importance que l'on attacha à cette idée que la femme a besoin de protection. Or quel besoin eût-on éprouvé de protéger la femme, si on ne l'avait pas considérée comme victime de la « *fragilitas sexus* » ?

raître impossible à certains auteurs (1) qui envisageaient le Code comme œuvre législative abstraite, comme expressisn rationnelle du droit, sans s'occuper des précédents historiques, peu importe : après avoir suivi toute l'histoire de l'autorisation de justice dans notre ancien droit, nous voyons bien comment les solutions du Code ne sont que celles-là mêmes qui avaient apparu antérieurement, que les unes et les autres reposent sur les mêmes idées, si étrangères et si déplacées que ces idées puissent paraître dans une législation moderne (2).

Mais reconnaître cette vérité c'est du même coup faire la critique du Code ; toutes les raisons données par les commentateurs pour ne pas voir dans les articles 221, 222, 224 la consécration de l'incapacité

(1) L'on ne saurait imaginer à quels efforts de raisonnement la plupart des commentateurs du Code civil se sont livrés pour démontrer que, malgré les articles 221, 222 et 224, le Code n'avait pas envisagé la femme comme incapable à raison de son sexe. V. Laurent, t. III, nos 95 et suivants, qui après avoir déclaré que la femme ne saurait être incapable comme telle dans le Code, finit néanmoins par déclarer qu'il lui faut une « protection ». Aubry et Rau (édition de 1872), p. 138, note 5 ; Demolombe, *op. cit.*, livre I, t. V, chap. VI, nos 114 et suiv. ; Marcadé, t. V (sous l'art. 224), qui reconnaît aussi que la femme n'est pas incapable comme telle et déclare néanmoins qu'il lui faut une protection. Tous ces efforts et toutes ces contradictions n'établissent que mieux le manque de système et d'idée directrice dans l'ensemble des dispositions du Code sur l'autorisation.

(2) Pour s'être placé au point de vue historique, Gide a bien reconnu que l'idée de l'incapacité de la femme, admise par les jurisconsultes du XVIIe et du XVIIIe siècles, avait passé dans le Code. V. Gide, *op. cit.*, p. 426 et 472.

fondée sur le sexe, se transforment d'elles-mêmes en critiques contre les mêmes articles quand on reconnaît qu'ils reposent sur cette fausse conception. C'est ainsi par exemple qu'Aubry et Rau en disant: « L'incapacité de la femme mariée est bien différente de celle du mineur : celle-ci est établie *propter imperitiam ætatis*, celle-là au contraire n'est point établie *propter fragilitatem sexus* (1) », se trompent évidemment s'ils entendent expliquer le Code civil, mais ont non moins évidemment raison s'il s'agit de le critiquer.

Il est donc bien établi que l'autorisation de justice purement supplétive reposant nécessairement sur des conceptions qu'aucun jurisconsulte n'admet plus, que le Code lui-même a généralement répudiées, devrait disparaître de notre droit. Par cette réforme le système de l'autorisation maritale devenant plus logique se comprendrait beaucoup mieux.

Actuellement en effet l'autorisation du mari et

(1) Aubry et Rau (édit. 1872), t. V, p. 138, note 5.

Voici le passage en entier : « L'incapacité de la femme mariée est bien différente de celle du mineur. Celle-ci est établie *propter imperitiam aetatis*. Celle-là au contraire n'est point établie *propter fragilitatem sexus* ; ce qui le prouve évidemment c'est que les filles majeures et les veuves jouissent en général de la même capacité que les hommes. L'incapacité de la femme mariée est une conséquence du mariage et de la puissance maritale. » Sans aucun doute, il devrait en être ainsi mais ce n'est assurément pas là le Code civil.

V. comment Laurent et Marcadé (*loc. cit.*) après avoir posé le même principe, l'abandonnent quand ils veulent expliquer l'article 224.

l'autorisation de justice, confondant des traditions différentes et même contraires, qui se sont succédé et se sont superposées dans le cours de l'Ancien Droit, forment ce que l'on a justement appelé « une législation sans système » (1). Que l'on supprime l'autorisation supplétive ; et l'institution dans toutes ses parties, redevient harmonieuse et logique ; la femme simplement subordonnée au mari, dans l'intérêt du ménage, n'est plus incapable comme femme mais seulement comme épouse, et la justice n'intervient plus que pour atténuer au besoin ce qu'il pourrait y avoir parfois de trop tyrannique dans la puissance maritale. Par là la législation retrouverait l'unité qui lui fait défaut.

C'est d'ailleurs ce qu'ont parfaitement compris certaines législations étrangères (2), plus ou moins inspirées de la nôtre, qui se sont efforcées de donner

(1) Beudant, *Cours de Droit civil français*, t. I, p. 476 et suivantes. — Voir toute l'excellente critique qu'il a faite de l'incohérence du Code civil au sujet de l'autorisation maritale. — Mais cette incohérence existait avant le Code : nous avons signalé comment Guyot l'avait relevée dans les coutumes, et comment bien auparavant Tiraqueau avait déclaré que cette matière était *cimmeriis tenebris atriorem*. En réalité, l'incohérence du droit français sur ce point date de l'apparition de l'autorisation supplétive.

(2) Il ne faut pas chercher ici une étude de législation comparée qui sortirait un peu de notre sujet tout historique : en donnant ici les solutions d'un ou deux Codes étrangers se rapprochant du nôtre, nous avons seulement voulu montrer que la tendance du droit récent étranger est de supprimer toute disposition fondée sur la seule incapacité de la femme.

à l'autorisation maritale cette unité de vue qui lui manque dans le Code civil.

Il en est ainsi par exemple du nouveau Code civil italien de 1865 (1). Tandis que le Code sarde de 1837 (2) avait adopté les solutions du nôtre sur ce point, le nouveau Code du royaume d'Italie contient de considérables innovations, qui peuvent se résumer dans les trois traits suivants : en premier lieu suppression complète de toute autorisation purement supplétive (art. 135) ; en second lieu maintien de l'autorisation de justice au refus du mari ; enfin intervention de la justice dans les rapports du mari et de la femme pour protéger celle-ci contre les dangers de l'influence du mari (art. 136) (3).

(1) Voir à ce sujet Théophile Huc, *Le Code civil italien et le Code Napoléon*, 2e édit., Paris, 1868, et Gide, *De la législation civile dans le nouveau royaume d'Italie*, Paris, 1866.

(2) *Code civil pour les États de Sa Majesté le roi de Sardaigne*. Turin, 1837, articles 131 à 138.

(3) Art. 135 : « L'autorisation du mari n'est pas nécessaire: 1° s'il est mineur, interdit, absent, ou étant condamné à plus d'un an de prison pendant la durée de sa peine ; 2° si la femme est légalement séparée par la faute du mari ; 3° si la femme exerce un commerce. »

Art. 136 : « Quand le mari refuse l'autorisation à la femme ou quand il s'agit d'un cas dans lequel il y a opposition d'intérêts, ou bien si la femme est légalement séparée par sa faute propre, soit par la sienne et celle du mari, soit par un mutuel consentement, l'autorisation du tribunal civil est nécessaire. » Le Code sarde (art. 131 et 133) prévoyait déjà le cas d'opposition d'intérêts entre les époux comme donnant lieu à l'autorisation de justice.

L'idée générale du nouveau Code civil italien se manifeste plus clairement encore dans un cas qui sort du cadre de cette étude ; il permet au mari de donner à la femme une autorisation générale

Le Code civil italien s'est donc placé à un point de vue tout à fait opposé à celui de notre droit, d'une part en ne considérant la femme comme incapable qu'à raison de la puissance maritale et en se gardant bien de la soumettre à une mesure quelconque de protection à l'égard des tiers, et d'autre part en lui accordant au contraire cette protection contre le mari lui-même, au cas où il peut y avoir entre les époux « opposition d'intérêt ». La grande supériorité de ce Code sur le nôtre est d'avoir fait disparaître les dispositions reposant uniquement sur l'idée de la « faiblesse du sexe » (1).

Le Code italien d'ailleurs n'est pas le seul à s'être engagé dans cette voie ; les mêmes tendances peuvent être signalées dans le Code civil portugais (2) et dans le Code espagnol du 24 juillet 1889 (3). Le premier, qui ne permet pas à la femme de s'engager sans le consentement du mari, l'autorise néanmoins à le faire et cela sans aucun contrôle de la justice quand le mari est absent ou dans l'impossibilité de

(art. 134). Le mari conserve seulement le droit de révoquer l'autorisation.

(1) V. sur ce point, Gide, *op. cit.*, p. 17.

(2) *Code civil portugais*, traduction Le Pelletier, Pedone, 1894, dans la collection des Codes étrangers. Le système de la communauté établi dans ce Code est une communauté générale avec une collaboration des époux qui rappelle la communauté du temps de Beaumanoir. V. art. 1108, 1113, 1116, 1117 et 1119.

(3) *Code civil espagnol* du 24 juillet 1889. Trad. Levé, Pedone, 1890, même collection. V. surtout, art. 59, 60, 61, 62, 65, 220, 225, 1387, 1416 et 1441.

donner son consentement (art. 1116) (1). Cette solution est en contradiction manifeste avec notre article 222 et se rapproche de l'ancien droit français. Pour le Code espagnol il soumet la femme à l'autorisation du mari comme le nôtre, mais il fait exception au principe général, au cas d'absence ou d'interdiction du mari. Dans ces différentes hypothèses la femme agit librement, sauf dans deux cas où elle doit recourir à l'autorisation de justice ; d'abord quand elle veut aliéner, échanger ou hypothéquer un propre du mari absent, ensuite, quand étant tutrice de son mari prodigue, elle veut aliéner ses paraphernaux, les biens des enfants ou les biens communs (2). Ce Code, d'une façon plus timide que les précédents, marque une tendance vers la suppression de l'autorisation supplétive (3).

(1) Code portugais, art. 1116 : « La femme ne peut contracter de dettes sans l'autorisation de son mari, à moins qu'il ne soit absent ou empêché et qu'en raison du motif pour lequel la dette est contractée, il soit impossible d'attendre son retour ou la cessation de l'empêchement. »

(2) Dans les autres hypothèses où la femme a l'administration des biens (généralement comme tutrice du mari), il semble résulter de la combinaison des articles 220 et 225 avec l'article 1416 que la femme n'a pas besoin d'avoir recours à l'autorisation de justice.

(3) Dans notre pays, la tendance de l'esprit public semble porter le législateur vers la suppression de toute autorisation dans certains cas. V. Loi du 9 avril 1881, art. 6. Loi du 20 juillet 1886, art. 13. Planiol, *Les caisses d'épargne et le régime de la communauté. Revue critique*, 1882, p. 42. Comme accentuant cette tendance, à noter également le projet de Mme Schmall, sur le produit du travail des femmes, voté à la Chambre des députés, le 27 février 1896.

CHAPITRE II

EFFETS DE L'AUTORISATION DE JUSTICE ET SANCTION DU DÉFAUT D'AUTORISATION.

SECTION I

EFFETS DE L'AUTORISATION DE JUSTICE.

L'ancien droit s'était heurté à un difficile problème quand il s'était agi pour lui de régler les effets de cette autorisation de justice à laquelle il faisait jouer un rôle si important. Nous avons vu comment deux théories s'étaient formées sur ce point : l'une, qui finit par triompher, ne permettait pas que l'acte accompli par la femme avec la seule autorisation de justice pût jamais nuire au mari ni à la communauté, l'autre au contraire, relevant très vivement les inconvénients de la première, faisait, au moins dans certains cas, produire ces résultats à l'autorisation de justice (1). Sur ce point d'ailleurs l'ancien droit n'était nullement parvenu à poser un principe satisfaisant, et les critiques que Loyseau avait adressées à la théorie classique demeuraient entières.

Le Code civil s'est rallié à la théorie dominante

(1) V. plus haut IIe partie, chapitre II.

dont l'article 1426 formule nettement le principe : « Les actes faits par la femme sans le consentement du mari et même avec l'autorisation de la justice n'engagent pas la communauté, etc.. » Ainsi toutes les fois que la femme n'agit qu'avec l'autorisation de justice, les tiers qui ont contracté avec elle ou qui ont obtenu contre elle une condamnation ne peuvent s'attaquer qu'à la nue propriété de ses biens propres, sans pouvoir s'en prendre ni à la communauté ni aux propres de la femme quant à l'usufruit.

Semblable à l'ancien droit sur ce point le Code civil peut être l'objet des mêmes critiques, et il y prête même davantage. Ces critiques nous ne les rappellerons que pour mémoire. Elles reposent toutes sur cette idée fondamentale que, permettre à la femme d'accomplir tout acte juridique avec la seule autorisation de justice sans faire produire à celle-ci les effets de l'autorisation du mari, c'est nécessairement, et dans un grand nombre d'hypothèses, favoriser le mari et la communauté aux dépens des tiers. Est-ce que ceux-ci, quand ils sont obligés de plaider contre la femme, peuvent contraindre le mari à donner son autorisation ? Est-ce que le mari ne peut pas escompter le défaut d'autorisation pour profiter des gains du procès sans avoir rien à craindre des condamnations possibles ? Dans tous ces cas le gage des créanciers de la femme sera réduit à la nue propriété de ses propres, par suite généralement à peu de chose, souvent à rien.

Tels sont les inconvénients, qui étaient déjà signalés au XVIIe et au XVIIIe siècles. Le Code civil, loin de les modérer, les a plutôt aggravés par suite du développement qu'il a donné à l'autorisation supplétive. Que le mari soit absent, mineur, interdit ou condamné à une peine infamante, la femme est obligée de recourir à l'autorisation de justice pour tous les actes de la vie juridique, ce qui est déjà fort critiquable ; mais ce qui est plus grave c'est que l'autorisation de la justice ne pourra remplacer qu'en apparence celle du mari : elle sera sans doute une restriction à la liberté de la femme comme l'autorisation maritale elle-même, mais sans présenter les avantages de celle-ci : dans de semblables hypothèses en effet l'intérêt de l'autorisation judiciaire serait de permettre à la femme d'engager la communauté, ce qui peut souvent être nécessaire à la direction du ménage qui incombe alors à la femme ; ce serait le seul moyen d'assurer aux tiers une garantie suffisante et à la femme quelque crédit.

C'est d'ailleurs là une solution que la force des choses avait contraint la jurisprudence et la doctrine de l'ancien droit à admettre dans certains cas, notamment pour tirer le mari de prison, et pour établir les enfants communs. Ce sont d'ailleurs ces dispositions qu'a conservées l'article 1427 (1). Et les né-

(1) Seulement dans ces hypothèses on admettait dans l'ancien droit une double dérogation au principe. *a*) La femme pouvait

cessités qui avaient conduit à admettre cette dérogation au principe général sont tellement pressantes que les commentateurs du Code civil se sont souvent efforcés d'établir que l'article 1427 n'avait rien de limitatif et qu'il fallait permettre à la femme autorisée de la justice d'obliger la communauté dans tous les cas où cela est nécessaire : l'article 1427 dans un semblable système ne ferait qu'énumérer un certain nombre d'exemples (1).

En résumé sur ce point la théorie du Code civil est demeurée imparfaite comme l'avait été celle de l'ancien droit. Les rédacteurs auraient dû tenir compte des critiques qui avaient jadis été formulées par Loyseau, Basnage et quelques autres. Il aurait fallu dis-

alors s'obliger sans aucune autorisation. *b*) Elle engageait la communauté. Le Code n'a admis que la seconde dérogation. C'est sans doute à la première dérogation que se rapporte le mot « même » de l'article 1427 d'où l'on a voulu à tort conclure que l'article n'est pas limitatif.

(1) Voir en ce sens : Troplong, *Du contrat de mariage*, t. II, n° 970. Troplong prétend que cette solution est impliquée par l'article 222. Mais cet article ne tranche nullement la question, comme le fait observer Laurent, t. XXII, p. 97. Egalement dans ce sens Rodière et Pont, *Traité du contrat de mariage et des droits respectifs des époux*, 2e éd., t. II, n° 816, et Duranton, *Cours de droit français suivant le Code civil*, t. XIV, n° 307. — Cour d'Amiens, 26 juillet 1877 ; Dalloz, *Répert.*, V° *Contrat de mariage*, n° 356. *Contrà*, Aubry et Rau, t. V, § 509 ; Demante et Colmet de Santerre, t. VI, n° 70 *bis*, etc...

Le premier système est d'ailleurs en contradiction avec les travaux préparatoires. Voir rapport de Duveyrier au Tribunat : « il n'est que deux cas où l'autorisation du juge puisse remplacer l'autorisation maritale : (quant aux effets) pour tirer le mari de prison, et s'il est absent, pour établir les enfants communs. »

tinguer pour les effets de l'autorisation de justice : y soustraire d'abord la femme au cas d'absence, d'interdiction ou de minorité du mari, et permettre alors aux engagements par elle contractés d'obliger la communauté. Dans le cas d'autorisation au refus du mari il eût tout au moins fallu admettre que l'obligation de la femme pût s'exécuter sur la pleine propriété de ses biens (1). Cette solution peut paraître une atteinte à l'autorité du mari, mais l'autorisation de justice n'en est-elle pas une elle-même ? Et si c'est à tort qu'il a refusé son autorisation, ne serait-il pas équitable que la justice le remplaçât efficacement c'est-à-dire en permettant à la femme d'engager la communauté ?

SECTION II

SANCTION DU DÉFAUT D'AUTORISATION ET THÉORIE DE L'ARTICLE 225.

A côté des dispositions des articles 221, 222 et 224 du Code civil, l'article 225 est souvent considéré

(1) Il y a une hypothèse où le Code permet cette exécution sur la pleine propriété des biens de la femme, mais sur ces biens seuls, c'est celle de l'article 1413. Il s'agit du cas où une femme a accepté du consentement de son mari une succession purement immobilière. Cette solution aurait pu, peut-être, être étendue au cas d'autorisation de justice au refus du mari. Sur tous les autres points (art. 1414, 1416, 1417) le Code a suivi le système de l'ancien droit qu'avait si vivement critiqué Loyseau.

comme une nouvelle conséquence de l'incapacité de la femme et certains auteurs en ont blâmé le législateur. Cet article contenant la sanction du défaut d'autorisation est ainsi formulé : « La nullité fondée sur le défaut d'autorisation ne peut être opposée que par la femme, par le mari ou par leurs héritiers. » Si la femme, a-t-on dit, peut elle-même invoquer le défaut d'autorisation, c'est qu'il y a dans cette institution un moyen de protection pour elle, beaucoup plutôt qu'une conséquence de la puissance maritale. Historiquement cela est incontestable; nous connaissions déjà la disposition de l'article 225 qui n'est que la reproduction de l'article 223 de la Coutume de Paris inspirée, sans aucun doute, par une idée de faveur pour la femme (1). Mais si la solution du Code repose historiquement sur de fausses conceptions, elle n'en est pas moins susceptible de s'expliquer en raison par de justes motifs et d'échapper ainsi en grande partie aux critiques que l'on peut adresser aux articles 221, 222 et 224.

(1) Voir plus haut, IIe partie, chap. III.

Voir également ce que dit Gide sur l'article 225 (*op. cit.*, p. 426 et 474). Rejetant l'idée de l'incapacité de la femme qu'il trouve à la base de l'article 225 il propose de retirer à la femme le droit de se prévaloir de la nullité.

La plupart des auteurs reconnaissent que l'incapacité de la femme est le fondement de l'article 225. V. Marcardé sur articles 224 et 225 ; Laurent, t. III, nos 95 et suivants ; Beudant, t. I, p. 476 et suivantes. Dans un sens différent, Aubry et Rau, t. V, p. 138, note 5 (Edition 1872).

Et tout d'abord elle est de beaucoup préférable à l'étrange théorie de la nullité absolue, d'ordre public, qui était devenue le droit commun du XVIIIe siècle. Sur ce point l'on ne peut que louer les rédacteurs du Code civil de n'avoir point suivi le sentiment de Pothier et d'avoir abandonné un principe qui faisait retomber sur tout le monde les conséquences fâcheuses du défaut d'autorisation (1). Avec le système de l'article 225 du moins la nullité ne peut-elle jamais être invoquée contre le mari ni la femme (2).

A ce point de vue et sauf quelques réserves (3), l'article 225 marque un progrès sur la législation précédente (4. Mais d'autres raisons encore militent en faveur de la solution du Code; du moment que

(1) Le système de la nullité absolue retombait à la fois suivant les circonstances, *a*) sur la femme qui pouvait se voir objecter la nullité d'un acte qui lui était avantageux, *b*) sur le mari (et du même coup sur la communauté) car il lui était interdit de ratifier l'acte nul faute d'autorisation, *c*) sur les tiers enfin, qui même de bonne foi, étaient toujours soumis à l'action en nullité.

(2) Cf. pour la femme, article 1125.

(3) En accordant l'action en nullité aux héritiers tant du mari que de la femme, l'article 225 est assurément étrange. A quel titre les héritiers du mari pourraient-ils intenter cette action ? Généralement ils n'y ont pas, sauf de rares hypothèses, d'intérêt matériel, et quant à l'intérêt moral, résultant de la puissance maritale, il n'existe pas pour eux.

(4) Remarquons que l'ancien système a subsisté [pour les donations. Nous avons vu que, sur ce point, l'ordonnance de 1731 avait édicté une nullité absolue : c'est la même sanction qui a passé dans le Code. En ce sens, Demante, t. IV, n°73 *bis* et Cass., 14 juillet 1856, *Pand. françaises chronologiques*, III, 1, 308 ; Cass., 15 juillet 1889, S. 89, I, 412, D. P. I, 100.

l'on repoussait, et à juste titre le système de la nullité absolue, l'action demeurait nécessairement réservée au mari seul ou aux deux époux. Laisser au mari seul le droit de se prévaloir du défaut d'autorisation, tel avait été notre très ancien droit de Beaumanoir à Guy Coquille. Mais ne risquait-on pas par ce moyen de ne donner à l'autorisation maritale qu'une sanction insuffisante ? La femme ne pourrait-elle pas ainsi contracter des engagements dont elle rejetterait l'effet à l'époque de la dissolution du mariage, engagements qui n'en seraient généralement que plus onéreux pour elle, et qui lui permettraient d'échapper dans une certaine mesure aux conséquences de l'autorisation maritale. Avec le système du Code le danger disparaît : les tiers qui veulent traiter avec la femme n'ont qu'un moyen de se mettre entièrement à l'abri de l'action en nullité, c'est de faire autoriser la femme par le mari ou la justice : autrement ils ne sont jamais assurés de pouvoir se prévaloir à coup sûr de leur droit lors de la dissolution du mariage. Ainsi conçu, l'article 225 nous apparaît comme une disposition prévoyante, conforme aux intérêts du ménage beaucoup plutôt qu'à ceux de la femme seule. Il importerait seulement de l'appliquer dans ce sens et non de l'interpréter comme une simple mesure de faveur pour la femme.

Pour obtenir ce résultat il suffirait de permettre au mari de couvrir la nullité de l'acte accompli sans autorisation non seulement quant à lui-même, mais encore quant à la femme. En ratifiant l'acte accompli, il en assurerait ainsi l'entière validité (1). Cette solution, généralement rejetée par les auteurs et par la jurisprudence (2), présenterait un double avan-

(1) Ce serait une solution analogue à celle du droit romain pour le sénatus-consulte Macédonien où le père pouvait ratifier après coup et rendre valable le « *mutuum* » fait par le fils.

Dig. Liv. XIV, t. VI, L. 7, § 11 et 15, L. 12.

Cod. just., Liv. IV, t. XXVIII, L. 7, *proe.*

(2) Les auteurs et la jurisprudence modernes ne permettent généralement pas au mari de ratifier l'acte accompli par la femme sans son autorisation. D'une part, dit-on, le mari ne peut donner une autorisation « après coup »; qui dit « autorisation » dit « permission antérieure » à l'acte. Il en résulte d'autre part que tout ce que le mari pourrait faire ce serait de renoncer à l'action en nullité. Or si ce droit ne peut lui être contesté en ce qui le concerne, il n'en est pas de même en ce qui concerne la femme. Celle-ci reçoit de la loi une action à laquelle personne ne peut renoncer pour elle. Ce raisonnement paraît d'autant plus fort qu'il est assurément conforme à l'idée de protection qui a guidé le législateur dans l'article 225 ; néanmoins il n'est pas sans réplique. Sans doute dans le dernier état de l'ancien droit l'on ne permettait pas au mari de ratifier l'acte passé par la femme non autorisée (Le Brun, *loc. cit.*, sect. V, avec une réticence sur la pratique de son temps. Renusson, *loc. cit.*, n° 17. Bourjon, *loc. cit.*, sect. VIII. Dunod, *op. cit.*, p. 12). Mais à cela il y avait deux raisons : 1° L'autorisation maritale était une formalité nécessaire à habiliter la femme ; 2° La nullité résultant du défaut d'autorisation était absolue. Or le Code, avec juste raison a supprimé tout formalisme dans l'autorisation : celle-ci n'est plus qu'un simple consentement (art. 217). Pourquoi dès lors n'interviendrait-elle pas après l'accomplissement de l'acte. En second lieu le Code a également supprimé la nullité absolue : on ne considère plus que l'ordre public y est intéressé. Le consentement du mari ne suffit-il pas à valider l'acte ? ce consentement purge un vice beaucoup plutôt qu'il n'est une renonciation à l'action en nullité. Et ce vice une fois purgé, quel intérêt la femme aurait-elle à conserver une ac-

tage : tout d'abord elle serait en conformité parfaite avec le principe de l'autorisation telle que nous la comprenons, c'est-à-dire fondée sur la seule puissance du mari. Dès lors que celui-ci a connaissance d'un contrat passé par la femme ne devrait-il pas être le seul maître d'en assurer la validité ou d'en répudier les conséquences. Par là le mari aurait la faculté de consolider un acte avantageux : le ménage y trouverait donc son compte. En second lieu les tiers également pourraient avoir intérêt, après avoir traité de bonne foi avec la femme, à obtenir du mari une confirmation qui les mettrait à l'abri d'une action en nullité. Ainsi compris et appliqué le système de l'article 225 serait conforme au but de l'autorisation maritale ; il en assurerait la sanction efficace, et garantirait mieux les droits de tous les intéres sés.

En résumé le système de l'article 225 nous paraît bon en lui-même : il n'implique pas nécessairement l'incapacité naturelle de la femme ni le besoin de la protéger. Il importerait seulement de l'entendre toujours dans ce sens.

Cela est d'ailleurs si vrai que nous pouvons voir certaines législations étrangères, après avoir re-

tion en nullité ?

Il semble donc bien que l'article 225 puisse recevoir cette interprétation. V. en ce sens, Demante et Colmet de Santerre, t. I, nº 305 *bis*, VIII.

poussé l'idée de protection de la femme et rejeté l'autorisation supplétive, adopter au contraire la théorie des nullités telle que l'a formulée l'article 225. Il en est ainsi notamment du Code civil italien : nous avons déjà signalé qu'il s'était séparé du Code civil français sur le fond même de la conception de l'autorisation en la faisant reposer uniquement sur la puissance maritale : cela ne l'empêche pas de proclamer dans son article 137, que l'action en nullité appartient à la femme comme au mari (1). Sans aucun doute dans une telle législation cette solution n'a pu passer que comme un meilleur moyen d'assurer la sanction de l'autorisation, non comme une faveur pour la femme.

(1) *Code civil du royaume d'Italie*, article 137. « La nullité dérivant du défaut d'autorisation ne peut être opposée que par le mari, par la femme, par ses héritiers ou ayants cause. » Cet article contient un autre perfectionnement de notre article 225 : il n'accorde pas l'action en nullité aux héritiers du mari, qui n'y ont presque jamais d'intérêt matériel, et qui n'y ont jamais l'intérêt moral, qui est le fond même du droit du mari.

Vu :
Le Président de la thèse,
le 11 avril 1899,
CH. LEFEBVRE.

Vu :
Le Doyen,
GLASSON.

Vu et permis d'imprimer :
Le Vice-Recteur de l'Académie de Paris,
GRÉARD.

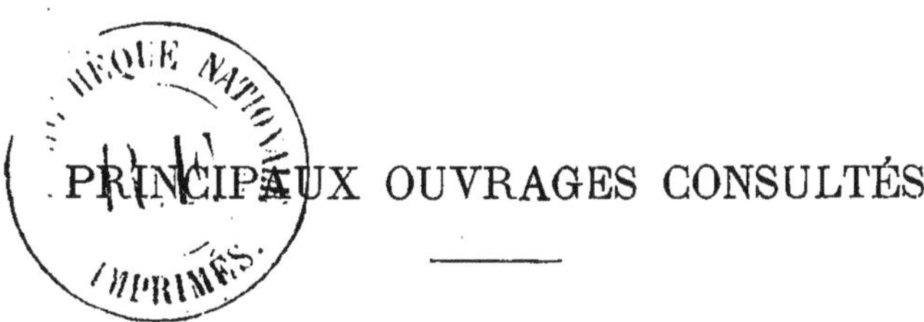

PRINCIPAUX OUVRAGES CONSULTÉS

XIIIe, XIVe et XVe siècles.

Pierre de Fontaines. — Conseil à un ami (éd. Marnier, 1846).
Jostice et Plet (éd. Rapetti, 1850).
Etablissements de St-Louis (éd. Viollet, 1881-1886).
Assises de Jérusalem (éd. Beugnot, 1841-1843).
Beaumanoir. — Coutumes de Beauvoisis (éd. Beugnot, 1842).
Livre des constitutions demenées el Châtelet de Paris (éd. Mortet, 1883).
Coutumier d'Artois (éd. Tardif, 1883).
Très ancienne coutume de Bretagne (éd. Planiol, 1896).
Bouteiller. — Somme rurale (éd. Charondas, 1603).
Grand coutumier de France (éd. Charondas, 1598 et Dareste et Laboulaye, 1868).
Jean des Mares. —Décisions (publiées à la suite du Commentaire sur la coutume de Paris, de Brodeau, 1658).
Fragments d'un répertoire de jurisprudence parisienne (publié par Fagniez dans le t. XVII des Mémoires de la Société de l'Histoire de Paris).
Jean Masuer. — Practica Forensis (éd. de Francfort).
Actes du Parlement de Paris (publiés par Boutaric).

XVIe, XVIIe et XVIIIe siècles.

Du Moulin. — Opera (éd. Paris, 1681).
Guy Coquille. — Œuvres (éd. Bordeaux, 1703).
Tiraquellus. — Ad leges connubiales commentarii (dans Opera. Paris, 1574).
Pierre Pithou. — Commentaires sur la coutume de Troyes.
R. Chopin. — Commentaires sur la coutume de Paris.
Pierre de l'Hommeau. — Maximes générales du droit français (éd. Challine, 1666).

Antoine Loisel.—Institutes coutumières (éd. Dupin et Laboulaye, 1846).
Ch. Loyseau. — Du déguerpissement.
P. Challine. — Méthode générale pour l'intelligence des coutumes de France (éd. 1666).
Claude de Ferrière. — Commentaires sur la coutume de Paris.
Renusson. — Traité de la communauté.
Le Brun. — Traité de la communauté (éd. 1709).
Lamoignon. — Arrêtés de M. le P. P. de Lamoignon ou lois projetées dans les conférences du P. Président de Lamoignon pour les pays coutumiers de France et pour les provinces qui s'y régissent par le droit écrit (Paris, 1702).
Bouhier. — Les coutumes du Duché de Bourgogne (1742).
Dunod. — Observations sur la coutume du duché de la Comté de Bourgogne.
Basnage. — Commentaires sur la coutume de Normandie.
Bourjon. — Droit commun de la France et la coutume de Paris réduite en principes (Paris, 1747).
Argou. — Institution au droit français (éd. 1762).
L'Hoste. — Commentaires sur la coutume de Montargis (1771).
Pothier. — Œuvres (éd. Bugnet). Particulièrement, Traité de la puissance du mari.
Bourdot de Richebourg. — Coutumier général.
Louet. — Arrêts. Lettre F.
Guyot. — Répertoire. Mot autorisation.
Merlin. — Répertoire. Mot autorisation.

XIXe siècle.

Esmein. — Le mariage en droit canonique, 1891.
Fenet. — Recueil complet des travaux préparatoires du Code civil, 1836.
Paul Gide. — Etude sur la condition privée de la femme (éd. Esmein, 1885).
Ch. Giraud. — Précis de l'ancien droit coutumier français.
Glasson. — Histoire du droit et des institutions de la France.
Kœnigswarter. — Histoire de l'organisation de la famille en France (1851).
Laboulaye. — Recherches sur la condition civile et politique des femmes (1843).

Rodière et Pont. — Traité du contrat de mariage et des droits respectifs des époux (2e éd. 1868).

Ph. Sagnac. — La législation civile de la Révolution française, (1899).

P. Viollet. — Histoire du droit civil français (1893).

Les différents cours de droit civil de **Aubry et Rau, Baudry-Lacantinerie, Beudant, Demante et Colmet de Santerre, Demolonbe, Duranton, Laurent, Troplong**, etc.

Dalloz. — Répertoire.

— Recueil périodique.

Sirey. — Recueil des lois et arrêts

Collection des codes étrangers (Pedone).

TABLE DES MATIÈRES

TROISIÈME PARTIE

L'AUTORISATION DE JUSTICE DANS LA LÉGISLATION MODERNE.

Imp. J. Thevenot, Saint-Dizier (Hte-Marne).

www.ingramcontent.com/pod-product-compliance
Ingram Content Group UK Ltd.
Pitfield, Milton Keynes, MK11 3LW, UK
UKHW020955230726
13923UKWH00007B/403

9 782019 285883